MENSCHEN IN GOTTES HAND

Biblische Geschichten in 10 Bänden

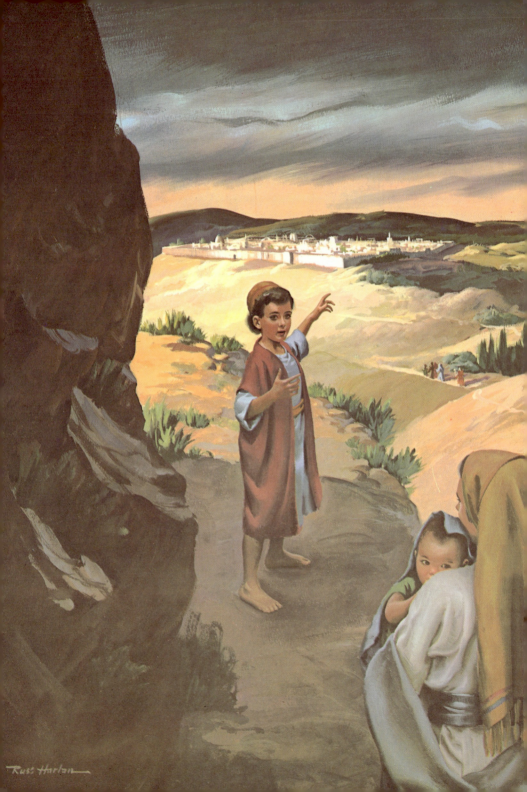

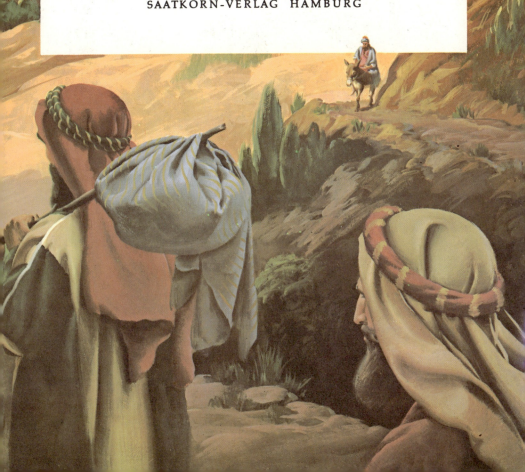

MENSCHEN IN GOTTES HAND

Geschichten der Heiligen Schrift für Kinder

nacherzählt von Arthur S. Maxwell

A 4

SAATKORN-VERLAG HAMBURG

Saatkorn-Verlag GmbH, Hamburg
Verlagsarchiv Nr. 522 1080
Gesamtherstellung: Grindeldruck GmbH,
Hamburg 13
Lizenzausgabe
ISBN-Nr. 3–87689–124–8

INHALT

Als David den Riesen Goliath besiegt hatte,
ernannte König Saul ihn zum Befehlshaber über
alle Krieger. Jonathan, der Kronprinz, freun=
dete sich mit ihm an und schenkte ihm könig=
liche Kleider und seine eigene Rüstung.

TEIL I

Saul und David

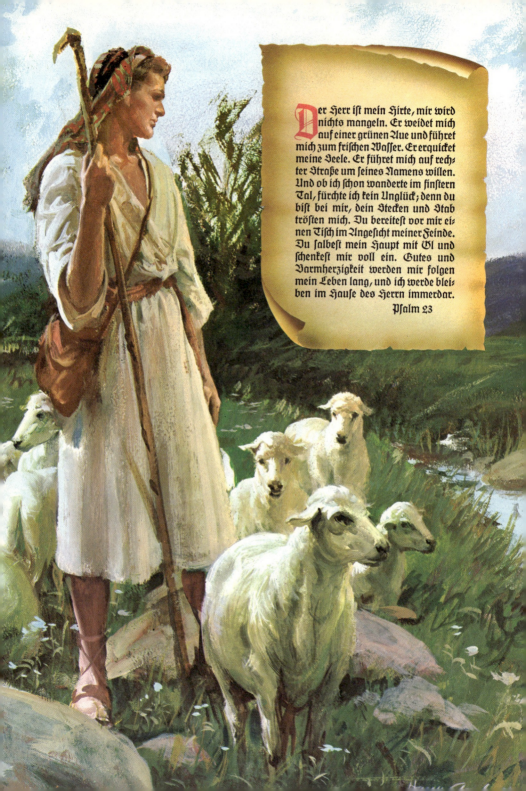

Der Herr ist mein Hirte, mir wird nichts mangeln. Er weidet mich auf einer grünen Aue und führet mich zum frischen Wasser. Er erquicket meine Seele. Er führet mich auf rechter Straße um seines Namens willen. Und ob ich schon wanderte im finstern Tal, fürchte ich kein Unglück; denn du bist bei mir, dein Stecken und Stab trösten mich. Du bereitest vor mir einen Tisch im Angesicht meiner Feinde. Du salbest mein Haupt mit Öl und schenkest mir voll ein. Gutes und Barmherzigkeit werden mir folgen mein Leben lang, und ich werde bleiben im Hause des Herrn immerdar.

Psalm 23

Der unverzagte David

Im Hause Isais in Bethlehem war es still geworden, seitdem die drei ältesten Söhne ins Feld gezogen waren, um König Saul im Kampfe gegen die Philister beizustehen. Wie mochte es ihnen auf dem Schlachtfeld wohl ergehen? Ihr Vater und ihre Mutter sorgten sich um sie.

Auch David, dem Jüngsten der Familie, waren sie nicht gleichgültig. Draußen am Berg, wo er die Schafe hütete, mußte er immerzu an sie denken: an Eliab, Abinadab und Schamma. Vielleicht waren sie im Kampfe schon gefallen oder als Gefangene hinweggeführt worden, und er würde sie nie wiedersehen! Dieser Gedanke machte ihn beinah krank.

Als er so inmitten seiner friedlich grasenden Tiere lag und der Wind kühl über ihn hinwegstrich, quälte ihn die Frage, warum eigentlich Menschen miteinander kämpften und ein= ander töteten. Dabei erinnerte er sich des Tages, an dem ein Löwe seine Schafe angriff und er mit ihm kämpfen mußte und ihn tötete. Diesen Löwen konnte er genausowenig ver= gessen wie jenen Bären, der sich mit einem Lamm davon= machen wollte. Er, David, hatte weder den Löwen noch den Bären umbringen wollen, doch nur so hatte er seine Schafe schützen können.

Aber bei den Menschen müßte es doch anders sein. Sie sollten eigentlich klüger als Raubtiere sein.

Warum blieben die Philister nicht in ihrem eigenen Land?

9

Als Hirte war David für die Schafe seines Vaters verantwortlich. Allein mit seiner Herde lernte er Gottes Liebe kennen. Seine Erlebnisse jener Zeit drückt der dreiundzwanzigste Psalm wunderbar aus.

Warum waren sie ausgezogen und überfielen friedliche Völker?

Von fern hörte er einen vertrauten Ruf.

„David!"

Sein Vater rief nach ihm. Er wollte seinen Söhnen Verpflegung ins Kriegslager senden. Ob David sie hinbringen wolle? Was für eine Frage! Es gab nichts, was er lieber täte. Vielleicht konnte er dort rechtzeitig genug eintreffen, um etwas von der Schlacht zu erleben. Möglicherweise bekäme er sogar die Philister zu sehen und könnte sich ein Bild von ihnen machen.

David stand früh am Morgen auf, überließ seine Schafe einem Hirten, lud alles auf und ging den Weg, den ihm sein Vater Isai geboten hatte. Wie lange er unterwegs war, wird nicht berichtet, wohl aber, daß er das Lager erreichte. Hier ließ er sein Gepäck beim Troßführer, lief zu den Soldaten und suchte, bis er seine Brüder gefunden hatte.

Wie glücklich war er über das Wiedersehen! Aber Eliab, sein ältester Bruder, schalt ihn aus und fragte ärgerlich, warum er gekommen sei und wem er die Schafe überlassen habe. „Ich kenne deine Vermessenheit und deines Herzens Bosheit", schimpfte er. „Du bist nur gekommen, um dem Kampf zuzusehen."

„Was habe ich denn getan?" murrte David, wie es jeder andere Junge tut, den sein älterer Bruder tadelt.

Gerade in diesem Augenblick rief jemand: „Schaut, dort kommt er!"

David sah mit Erstaunen, wie aus dem Lager der Philister ein riesenhafter Mann hervortrat. Der trug einen gewaltigen ehernen Helm, einen Schuppenpanzer und eherne Bein=

schienen. Sein Speerschaft war groß wie ein Weberbaum, dessen Spitze allein schon fast fünfzehn Pfund wog.

Vor ihm schritt sein Schildträger einher.

„Wer ist denn das?" fragte David.

„Das ist Goliath von Gath", antwortete ihm jemand und flüchtete, als der Riese das Tal betrat, das die beiden Heere trennte.

„Warum lauft ihr alle davon?" fragte David. „Warum tritt ihm niemand entgegen, auch wenn er ein Riese ist?"

Zornig über die Feigheit seiner Landsleute rief er laut und vernehmlich: „Wer ist schon dieser unbeschnittene Philister, der das Heer des lebendigen Gottes verhöhnt!"

Dies wurde dem König Saul berichtet, der David sogleich holen ließ.

„Niemand verliere des Riesen wegen den Mut", sagte David zum König. „Dein Knecht wird hingehen und mit diesem Philister kämpfen."

Davon wollte Saul aber nichts wissen. „Das ist völlig un=möglich", entgegnete er, „du bist dafür noch zu jung!"

Nun erzählte David dem König von seinen Kämpfen mit dem Löwen und dem Bären und fügte hinzu: „Der Herr, der mich aus Löwen= und Bärenpranken gerettet hat, kann mich auch aus der Hand dieses Philisters erretten."

Schließlich willigte Saul ein. Die Unverzagtheit des jungen Mannes, der unerschütterlich

an die Kraft Gottes glaubte, flößte ihm selbst Vertrauen ein. Und so erlaubte er David, in den Kampf mit Goliath zu ziehen, allerdings angetan mit der Waffenrüstung des Königs.

Natürlich war sie viel zu groß. Nichts paßte, und David fühlte sich recht unbehaglich. „Darin kann ich ja nicht gehen", sagte er und zog die Rüstung wieder aus.

Dann schritt er, lediglich den Hirtenstab in der Hand, hin= unter zum Fluß. Sorgfältig suchte er dort fünf glatte Kiesel= steine aus und schob sie in seine Hirtentasche.

„Was in aller Welt macht dieser Junge da?" dachten alle Krieger, die beobachteten, wie er bedächtig einen Stein nach dem anderen aufhob und sorgsam auf Gewicht, Schnitt und Glätte prüfte. „Will er etwa mit Steinen nach Goliath werfen?"

Noch mehr staunten sie, als sie sahen, wie er behende auf den riesenhaften Philister zuschritt, mit keiner andern Waffe ausgerüstet als mit seiner Schleuder.

Als Goliath ihn erblickte, wurde er sehr zornig und ver= fluchte ihn im Namen seiner Götter.

„Bin ich denn ein Hund", schrie er, „daß du zu mir mit einem Stecken kommst? Nur her zu mir, ich will dein Fleisch den Vögeln des Himmels und den Tieren des Feldes zum Fraß geben!"

Doch David ließ sich nicht einschüchtern. Furchtlos rief er dem hochmütigen Riesen zu: „Du kommst zu mir mit Schwert und Spieß und Wehr. Ich aber komme zu dir im Namen des Herrn der Heerscharen, des Gottes der Kampf= scharen Israels, die du verhöhnst.

Heute liefert dich der Herr mir aus, damit alle Welt er= kenne, daß über Israel ein Gott wacht, und damit das ganze

Heer erfahre, daß der Herr hilft, aber nicht mit Schwert und Speer! Denn des Kampfes Entscheidung liegt beim Herrn, und er gibt euch in unsere Hand."

Das war zuviel für Goliath. Sein Gesicht verzerrte sich vor Wut, und er stürzte vor, den gewaltigen Speerschaft mit beiden Händen fest umschlossen.

David aber wich nicht zurück. Ruhig entnahm er seiner Hirtentasche einen der Steine, legte ihn in die Schleuder und warf ihn so mit aller Kraft gegen den anstürmenden Riesen.

Alle Krieger der Philister und Israels hielten den Atem an. Jeder wußte, einen zweiten Wurf würde es nicht geben.

Plötzlich hielt Goliath wie erstarrt an, stolperte und schlug der Länge nach hin. Sein riesiger Speer polterte zu Boden. Der Stein hatte seine Stirn durchbohrt, die einzige un= geschützte Stelle seines Körpers.

David rannte sofort auf den gestürzten Philister zu, zog dessen Schwert aus der Scheide und hieb ihm den Kopf ab.

Die Schlacht war damit so gut wie entschieden. Als die Philister sahen, daß ihr Held tot war, flohen sie entsetzt. Die Israeliten aber verfolgten sie bis über die Landesgrenzen.

Wieviel kann Gott durch einen mutigen jungen Mann tun, der ihn liebt und ihm von ganzem Herzen vertraut!

Eine Prinzessin gewonnen

Der Tag, an dem David Goliath besiegt hatte, wurde zum Wendepunkt in seinem Leben. Zu seinen Schafen kehrte er nie wieder zurück.

Saul nahm ihn sogleich zu sich an seinen königlichen Hof, so daß David auch von seines Vaters Haus in Bethlehem getrennt war.

Eine Zeitlang war er aller Leute geliebter Held, vom König geehrt und vom Volk gefeiert. Jonathan, Sauls Sohn, gewann sogar solche Zuneigung zu dem Hirtenknaben, daß er ihm seine eigene Kleidung, seine Rüstung, sein Schwert und seinen Bogen schenkte. Das bedeutete in jenen Tagen sehr viel. Trotz seiner Jugend wurde David über alle Kriegsleute gesetzt, und er war beliebt beim ganzen Volke und selbst in Sauls Umgebung.

Manch jungem Menschen wäre so viel Anerkennung zu Kopfe gestiegen, doch nicht David! Er führte alles, was ihm aufgetragen wurde, gewissenhaft aus; denn Gott der Herr war mit ihm.

Als er einmal siegreich aus einer Schlacht mit den Philistern zurückkehrte, da zogen die Frauen aus allen Städten Israels ihm und dem König Saul singend, tanzend und jauchzend mit Pauken und Zimbeln entgegen. In Wechselchören und Reigentänzen riefen sie laut: „Saul hat Tausende erschlagen, aber David Zehntausende!"

14

Das empfand der König als Beleidigung, und er wurde eifersüchtig auf David. Es mißfiel ihm, daß das Volk David für einen zehnmal besseren Krieger hielt als ihn. Die Bibel berichtet: „So kam es, daß Saul von dem Tage an David nur mit Argwohn betrachtete."

Als Saul am nächsten Tage noch darüber brütete, welchen Schimpf die Frauen ihm mit ihrem Gesang angetan hatten, geriet er plötzlich in so rasende Wut, daß er einen Speer er= griff und nach David schleuderte, der ihn mit Harfenspiel erfreuen wollte. Glücklicherweise sah David die Waffe auf sich zukommen und konnte ihr ausweichen.

Der König hatte sein Versprechen, demjenigen seine Toch= ter als Gemahlin zu geben, der den Riesen Goliath erschlüge, nicht vergessen. Er durfte es auch nicht, zu viele waren Zeu= gen dieses Versprechens gewesen. Außerdem wagte er es

nicht, sein Wort zurückzuziehen, weil er wußte, wie sehr David beim Volk beliebt war.

Trotzdem versuchte er ihn zu betrügen. Als die Zeit kam, daß Merab, die Tochter Sauls, David gegeben werden sollte, da wurde sie einem gewissen Ariel als Ehefrau angetraut.

Den David aber ließ Saul wissen, daß er Michal, eine an= dere Tochter, haben könne, wenn er vorher hundert Philister tötete. Saul hoffte insgeheim, daß David im Kampfe fiele, aber er kehrte wohlbehalten und siegreich heim. Nun blieb Saul nichts anderes übrig, als ihm seine Tochter Michal zu geben. So hatte der Hirtenknabe eine Prinzessin gewonnen und war des Königs Schwiegersohn geworden.

Wie schön wäre es, wenn man berichten könnte, daß Saul und David von jetzt an friedlich miteinander lebten, doch leider war das Gegenteil der Fall. Zwar liebte Michal David von Herzen, aber Saul fürchtete ihn immer mehr und wurde sein lebenslanger Feind.

Die Familie des Königs hätte sehr glücklich sein können, aber Neid und Eifersucht zerstörten alles.

Eine Puppe im Bett

Nachdem David mit Michal verheiratet war, sollte man an=
nehmen, daß Saul seine feindseligen Gefühle ihm gegenüber
überwunden hätte. Doch weit gefehlt! Sein Haß wuchs mehr
und mehr. Ja, er ging sogar so weit, seinem Sohn Jonathan
zu befehlen, David zu töten.

Das aber war das Letzte, was er von ihm verlangen konnte;
denn Jonathan liebte David und warnte ihn vor der Gefahr.
Dann trat er mutig vor seinen Vater und bat ihn, Davids
Leben zu schonen. Er erinnerte ihn daran, daß David Goliath
besiegt hatte, und fügte hinzu: „Du warst selbst dabei und
sahst, wie es geschah, und warst glücklich darüber; warum
willst du jetzt David ohne Grund erschlagen?"

Jonathan hatte gewonnen. Saul versprach ihm, David nicht
zu töten. Froh über diese Wandlung lief Jonathan zum Ver=
steck seines Freundes und bat ihn, an den Hof zurück=
zukommen, denn alles sei wieder in Ordnung. David folgte
ihm und erhielt sogar den Oberbefehl über das Heer zurück.

Eine Zeitlang verlief alles friedlich, und David erfreute den
König wie früher regelmäßig mit Musik.

Erneut brachen die Philister einen Krieg vom Zaun, und
David wurde ins Feld gesandt. Auch diesmal kehrte er sieg=
reich heim und wurde von allen Bürgern Israels geehrt und
gefeiert. Saul wurde daraufhin von seiner alten Eifersucht
gepackt. Er konnte es einfach nicht ertragen, daß das Volk

sich für David begeisterte. Erneut überwältigte ihn der Haß, und er schleuderte den Speer nach ihm.

Glücklicherweise traf er nicht, und der Speer fuhr in die Wand des Palastes. David aber floh und entkam. In seinem Hause erzählte er Michal, was sich ereignet hatte. Da sie fürchtete, daß ihr Vater diesmal seine Absicht nicht ändern würde, beschwor sie David, sofort zu fliehen und sich zu ver= bergen. „Wenn du nicht noch in dieser Nacht dein Leben rettest", so bettelte sie, „wirst du morgen erschlagen werden."

Noch während sie miteinander sprachen, hörten sie dumpfe Schläge gegen die Tür des Hauses. „Das können nur die Soldaten Sauls sein, die mich gefangennehmen oder er= schlagen sollen", vermutete David. Was sollte er tun? Die Tür öffnen und mit ihnen kämpfen? Das wäre der Beginn einer Rebellion — und das wollte er nicht. Sollte er sich demütig ergeben? Das wäre sein sicherer Tod.

Im Augenblick stand sein Entschluß fest: Fliehen! Aber wie? „Durchs Fenster!" flüsterte Michal.

Leise öffnete sie es. Draußen war es dunkle Nacht. David schwang sich hinaus und ließ sich auf den Boden hinab= gleiten. Noch ein kurzes, kaum hörbares „Lebewohl", und er war verschwunden.

Michal schloß schnell das Fenster und packte eine große Puppe in Davids Bett, so daß es aussah, als schliefe er darin. Dann erst öffnete sie das Tor.

„Er ist krank", sagte sie traurig zu den Boten des Königs. „Er schläft in seinem Bett; weckt ihn bitte nicht auf!"

Da sie ihn zu sehen verlangten, ließ Michal sie in den fast dunklen Raum eintreten.

Die Männer warfen nur einen Blick auf die Gestalt im Bett und dachten: „Wenn David so still daliegt, muß er sehr krank sein." So kehrten sie um und berichteten es dem König.

Saul jedoch geriet außer sich vor Zorn und befahl seinen Knechten, sofort wieder hinzugehen und David unter allen Umständen zu holen. „Bringt ihn mir mitsamt dem Bett", schrie er, „daß ich ihn töte!"

Die Boten gehorchten. Als sie nun die Bettdecken aufhoben, entdeckten sie, daß sie getäuscht worden waren; denn vor ihnen lag eine Puppe mit einem Geflecht aus Ziegenhaar auf ihrem Haupt.

Es wird nicht berichtet, wie sich die Männer verhielten. Vielleicht haben einige geschimpft und andere gelacht. Saul jedenfalls kannte keinen Spaß. Er ließ Michal zu sich kommen und belehrte sie, was es bedeute, den König zu betrügen.

Sie kümmerte sich nicht darum, denn sie wußte, ihr Vater würde sie nicht töten. David hatte sich inzwischen in Sicherheit gebracht, das war die Hauptsache. Er war nach Rama geeilt, um Samuel zu berichten, was geschehen war.

Die drei Pfeile

David hätte zwar auch zu seinen Eltern nach Bethlehem fliehen können, um ihren Rat einzuholen, aber er tat es nicht. Statt dessen zog es ihn zu dem Mann Gottes hin, der ihn ge= salbt hatte. Sein Leben war überaus verwickelt geworden, obgleich er stets das Rechte hatte tun wollen. Und nun war er sogar in arge Bedrängnis geraten. „Warum eigentlich?" dachte er und überlegte, was er als nächstes unternehmen sollte.

Vor allem war er froh, daß er in seiner Not sichere Zu= flucht bei Samuel in Rama finden und ihm alles sagen konnte, was Saul ihm angetan hatte.

Es war viel, was er ihm mitzuteilen hatte, und Samuel war sehr betrübt und enttäuscht über das Unrecht, das der König dem jungen Mann aus Eifersucht zufügte. Wir wissen nicht, welchen Rat Samuel David gab. Sicherlich aber bat er ihn, das Unrecht geduldig zu ertragen und Gott zu vertrauen, der alles zu einem guten Ende führen werde.

Nicht lange danach trafen sich David und Jonathan. Sie freuten sich über das Wiedersehen, und David fragte: „Was habe ich Schlimmes getan? Wo liegt meine Schuld? Wann habe ich an deinem Vater gesündigt, daß er mir nach dem Leben trachtet?" Er konnte es nicht verstehen, warum Saul ihm, seinem eigenen Schwiegersohn, nach dem Leben trachtete.

Jonathan versicherte, David brauche nicht besorgt zu sein; er werde ihn rechtzeitig warnen, wenn wirkliche Gefahr drohe. Aber David war so beunruhigt, daß er klagte: „In der Tat, so wahr der Herr lebt, es ist nur ein Schritt zwischen mir und dem Tode!"

Offen vertraute er Jonathan an, was ihn bedrückte: Das Neumondsfest, zu dem der König alle führenden Männer seines Reiches erwartete, stand bevor. Vielleicht würde Saul ihn vermissen, vielleicht auch nicht. Aber nach Lage der Dinge konnte David es nicht wagen, am Hofe zu erscheinen. Deshalb bat er Jonathan, ihn über des Königs Gemütsverfas= sung zu unterrichten.

Weil David sein Freund war, versprach Jonathan es ihm; denn er liebte ihn mehr als sein eigenes Herz.

Dann machten sie folgenden Plan: David sollte sich an einer bestimmten Stelle bei einem Ackerfeld, die sie beide gut kannten, verbergen. Jonathan wollte aufs Feld hinaus= kommen, drei Pfeile abschießen und seinem Waffenträger befehlen: „Geh, suche die Pfeile!" Würde er sodann rufen: „Siehe, die Pfeile liegen herwärts von dir!", so bedeute dies, daß alles gut stünde und der König über seinen Wutanfall hinweggekommen sei. Riefe er aber: „Die Pfeile liegen hin= wärts von dir!", dann wüßte David, daß der König ihm im= mer noch zürnte und er besser fortginge.

Das Fest hatte begonnen, und der Platz Davids war leer. Am ersten Tag sagte Saul nichts, aber am zweiten Tag fragte

er Jonathan: „Warum ist David, der Sohn Isais, nicht zu Tisch gekommen, weder gestern noch heute?"

Vielleicht hatte er gehofft, Jonathan hätte vergessen, wie übel er kurz zuvor David behandelt hatte. Aber sein Sohn durchschaute ihn. Ruhig sagte er, sein Freund besuche gerade seine Familie in Bethlehem.

Saul argwöhnte jedoch, daß die beiden jungen Männer dies miteinander verabredet hätten, und schrie Jonathan vor allen Gästen an: „Du lächerlicher Rebell, solange dieser Sohn Isais unter den Lebenden weilt, wirst du und dein Königreich nicht bestehen. Lasse ihn sofort zu mir holen, denn er ist ein Kind des Todes!"

Das war zuviel für Jonathan. „Warum soll er ermordet werden?" erwiderte er. „Was hat er denn verbrochen?"

Da griff Saul, bebend vor Wut, nach seinem Speer und warf ihn gegen seinen Sohn. Nun wußte Jonathan, daß sein Vater Davids Tod beschlossen hatte. Erregt entfernte er sich von der Tafel.

22

Früh am nächsten Morgen ging er mit seinem Waffen=
träger hinaus aufs Feld. Dort spannte er seinen Bogen und
befahl dem Jungen: „Los, suche mir die Pfeile, die ich ab=
schieße!" Als der Bursche die Stelle erreichte, wo die Pfeile
niedergegangen waren, rief Jonathan ihm so laut zu, daß
auch David ihn hören konnte: „Liegt der Pfeil nicht hinwärts
von dir?" Was er dann hinzufügte, war nur für David be=
stimmt: „Rasch, eile und halte dich nicht auf!"

Der junge Waffenträger hob die drei Pfeile auf und kehrte
zurück. Jonathan übergab ihm seinen Bogen und schickte
ihn heim in die Stadt. Kaum war der Bursche nicht mehr zu
sehen, da verließ David sein Versteck, und Jonathan erzählte
ihm ausführlich, was sich ereignet hatte.

In dieser schweren Stunde sagte Jonathan: „Geh in Frieden!
Es bleibt bei dem, was wir zwei uns im Namen des Herrn
geschworen haben: Der Herr wird zwischen mir und dir
stehen, zwischen meinen und deinen Nachkommen für alle
Zeit." Es war ein trauriger Abschied; denn beide wußten, daß
sie sich lange nicht würden sehen können.

Goliaths Schwert

Diesmal floh David nicht nach Rama, sondern nach Nob, wo der Priester Ahimelech und sein Sohn Abjathar gemein= sam dem Herrn dienten.

Als Ahimelech ihn erblickte, ahnte er nichts Gutes. „Warum kommst du allein?" fragte er. „Warum sind keine Krieger mit dir gezogen?"

David war so nervös, daß er meinte, lügen zu müssen: Er sei in geheimem Auftrag des Königs unterwegs und stoße an einem bestimmten Ort mit seinen Soldaten zusammen. Der Priester hätte eigentlich Verdacht schöpfen müssen; denn David war so völlig ausgehungert, daß er sofort fragte: „Hast du etwas zu essen da?"

Ahimelech antwortete, daß er lediglich heilige Schaubrote da habe, die aber seien für die Priester bestimmt.

Doch David ließ nicht locker, sondern blieb hartnäckig dabei, daß er sie unbedingt haben wolle, falls dies irgend möglich wäre. Da gab ihm der Priester fünf Laibe des heiligen Brotes. —

Jahrhunderte später wies Jesus die Führer der Juden auf diese Begebenheit hin. Seine Jünger waren nämlich von Pharisäern beschuldigt worden, am Sabbat Ähren auf dem Felde ausgerauft zu haben. „Habt ihr nie gelesen", so fragte er, „was David tat, da er in Not war und ihn hungerte samt denen, die bei ihm waren? Wie er ins Haus Gottes ging zur

Zeit Abjathars, des Hohenpriesters, und aß die Schaubrote,
die niemand essen darf als die Priester, und er gab sie auch
denen, die bei ihm waren?" Und Jesus folgerte: „Der Sabbat
ist um des Menschen willen gemacht, und nicht der Mensch
um des Sabbats willen." —

Als David gesättigt war, stellte er dem Priester eine wei=
tere merkwürdige Frage: „Kannst du mir einen Speer oder
ein Schwert geben?"

Ahimelech blickte ihn erstaunt an. Was sollte er davon
halten: David, der berühmte Held, ohne Schwert und Speer?
Wie war das möglich? David sah des Priesters Zaudern und
erklärte, er habe den Hof so eilig verlassen müssen, daß er
seine Waffen nicht mitnehmen konnte; denn des Königs
Sache vertrüge keinen Aufschub.

Im allgemeinen befanden sich im Heiligtum keine Waffen.
Zögernd sagte Ahimelech: „Das Schwert des Philisters Go=
liath, den du im Eichgrund erschlagen hast, liegt hier, in
einem Mantel eingewickelt, hinter dem Priesterkleid. Willst
du es, so nimm es!"

David rief hocherfreut: „Seinesgleichen gibt es nicht; reiche es mir!" Als der Priester ihm das große Schwert ausgehändigt hatte, eilte David in die Stadt Gath, wo er Zuflucht suchte.

Leider weilte zur selben Zeit, als David im Heiligtum zu Nob war, auch ein hoher Beamter Sauls dort, Doëg, ein Edomiter, der Oberhirte über die großen Herden des Königs. Er hatte alles gesehen und gehört, was zwischen dem Priester und dem flüchtenden David geschehen war. So schnell er konnte, eilte er zu Saul und verriet ihm: „Ahimelech hat David Schaubrote und das Schwert des Goliath gegeben!"

Zornbebend ließ der König die gesamte Priesterschaft von Nob verhaften und zu sich bringen. Mit harten Worten beschuldigte er sie der Verschwörung gegen ihn.

Ahimelech versicherte bestürzt, nichts von einem Zerwürfnis zwischen Saul und David gewußt zu haben.

„Wer ist unter allen deinen Knechten so treu wie David, der dazu dein Schwiegersohn und der Oberste deiner Leib= wache ist, geehrt in deinem ganzen Hause?" so verteidigte er sich.

Der König hörte ihm gar nicht zu. Für ihn stand von vorn= herein fest, daß Ahimelech ihn anlüge.

Und unerbittlich sprach er das Urteil: „Ahimelech, du mußt des Todes sterben, du und deines Vaters ganzes Haus!"

Ohne weitere Verhandlung befahl er den Männern seiner Leibwache, Ahimelech und alle Priester, die mit ihm waren, zu töten. Aber sie weigerten sich; denn sie wollten ihre Hände nicht an die Priester des Herrn legen und an ihnen schuldig werden.

Wütend wandte sich der König nun an Doëg und befahl ihm, diese verruchte Tat auszuführen. Als Edomiter scherte sich Doëg nicht darum, daß es sich um Männer Gottes han= delte, und erschlug sie. Dann zog er nach Nob und tötete auch ihre Frauen und Kinder.

Lediglich Abjathar entkam und floh zu David.

Fassungslos vernahm David von ihm, welche Schandtat Saul vollbracht hatte. Tief betrübt sprach er: „Ich ahnte schon an dem Tage, als ich den Edomiter Doëg in Nob sah, daß er Saul alles verraten werde. Ich bin schuldig am Tode deiner Angehörigen."

Bittend fügte er hinzu: „Bleibe bei mir und fürchte dich nicht. Denn der, der mir nach dem Leben trachtet, der trachtet auch dir nach dem Leben; du bist bei mir in Sicherheit."

So blieben die beiden jungen Männer zusammen. Sie ver= trauten darauf, daß Gott sie beschützen und alles zur rechten Zeit zu einem guten Ende führen würde.

Gesang in der Höhle

Von nun an hatte es David sehr schwer. Er besaß kein Zu=
hause und konnte auch nicht heim zu seiner Frau, denn das
wäre dem König Saul nicht verborgen geblieben. Er wagte es
ferner nicht, zu seinen Eltern nach Bethlehem zu ziehen, weil
ihnen daraus Unannehmlichkeiten erwachsen könnten. So
suchte er in den dichten Wäldern und großen Höhlen des Ge=
birges Zuflucht.

Einige Zeit verbarg er sich in der Höhle von Adullam, wo
ihn ab und zu seine Brüder und zahlreiche Verwandte be=
suchten. Aber auch andere kamen zu ihm, nämlich Männer,
die sich in Not und Schuld verstrickt hatten und oftmals so
verbittert waren, daß sie Ausschau nach einem Helfer hielten.
David sammelte sie um sich und wurde ihr Anführer.

Nach und nach fanden Männer aus allen Teilen des Landes
zu ihm, bis sich schließlich etwa vierhundert rauhe und ver=
wegene Gesellen um ihn scharten.

Fast jeder von ihnen hatte irgend etwas auf dem Kerbholz.
Leicht hätte aus ihnen eine Bande von Räubern und Hals=
abschneidern werden können, die das Land terrorisierten.
Doch David sagte ihnen klipp und klar, daß dies nicht sein
Ziel sei. Oft sprach er mit ihnen von Gott und sang ihnen
Lieder über Gottes Liebe und Allmacht vor, die er gedichtet
hatte, als er noch Hirte war und seine Schafe auf den Berg=
wiesen hütete.

Hier in der Höhle von Adullam entstand Davids er=
greifendes Lied, das wir als den siebenundfünfzigsten Psalm
kennen. Wenn man ihn liest, fühlt man sich in die Höhle ver=
setzt, wo vierhundert rauhe Männer dem Gesang Davids
lauschten, dieser von Vertrauen erfüllten Bitte an Gott um
Hilfe in der Not:

„Sei mir gnädig, Gott, sei mir gnädig! Denn auf dich traut
meine Seele, und unter dem Schatten deiner Flügel habe ich
Zuflucht, bis das Unglück vorübergehe. Ich rufe zu Gott . . .
Er sende vom Himmel und helfe mir von der Schmähung
dessen, der mir nachstellt . . .

Mein Herz ist bereit, Gott, mein Herz ist bereit, daß ich singe und lobe. Wach auf, meine Seele, wach auf, Psalter und Harfe, ich will das Morgenrot wecken!

Herr, ich will dir danken unter den Völkern, ich will dir lobsingen unter den Leuten. Denn deine Güte reicht, so weit der Himmel ist, und deine Wahrheit, so weit die Wolken gehen. Erhebe dich, Gott, über den Himmel und deine Herr= lichkeit über alle Welt!"

Welch ein eindrucksvolles Bild: Die dunkle Höhle, be= leuchtet durch wenige qualmende Fackeln; in einer Ecke der mutige junge Mann, der Goliath besiegt hatte, und um ihn herum seine neuen, ungestümen Freunde; in seiner Hand eine Harfe, auf der er seinen Lobpreis Gottes begleitet. So wird diese unwirtliche Höhle unversehens zu einer Stätte der Andacht, und in die Herzen der rauhen, verbitterten, hoff= nungslosen Männer ziehen wieder Zuversicht, Glaube und Liebe ein.

In jener Zeit vollbrachte David eine weitere beispielhafte Tat. Eines Tages verließ er die schützende Höhle von Adullam und suchte den König von Moab auf.

„Laß meinen Vater und meine Mutter bei euch bleiben, bis ich erfahre, was Gott mit mir tun wird", bat er ihn.

Der König von Moab war ihm freundlich gesonnen und willigte ein. Da holte David seine Eltern von Bethlehem und brachte sie ins Moabiterland, wo sie in einer Bergfeste in Sicherheit leben konnten, bis die Notzeit vorüber war.

So kümmerte er sich, trotz seiner eigenen Sorgen, um seine alten Eltern, denn er fürchtete Sauls Rache an ihnen.

Ein Leben mit Gott

David zeichnete sich durch schlichten Glauben aus. Hatte er Sorgen, so trug er sie Gott vor. Wußte er weder ein noch aus und sah keinen Weg mehr, dann fragte er Gott um Rat und erhielt Antwort von ihm.

Eines Tages erfuhr er, daß die Philister die Stadt Kegila angreifen und den Bewohnern das soeben geerntete Getreide rauben wollten. Sein erster Gedanke war, den Bedrängten unverzüglich zu Hilfe zu eilen; als er aber noch einmal dar= über nachdachte, wurde ihm klar, daß dies für Saul die beste Gelegenheit wäre, ihn zu ergreifen; denn stets umgaben Späher die schützende Höhle.

David wußte, was zu tun war. Er wandte sich an Gott und fragte ihn: „Soll ich hingehen und die Philister angreifen?" Gott antwortete: „Zieh hin, du wirst die Philister schlagen und Kegila erretten!"

Als er aber nun mit seinen Männern den Kriegsplan be= sprach, äußerten einige die Meinung, das Risiko eines solchen Unternehmens sei zu groß.

Nochmals befragte David den Herrn und erhielt erneut die Weisung: „Auf, zieh hin gen Kegila; denn ich will die Philister in deine Hände geben!"

Da entschied sich David, aufzubrechen und Kegila zu helfen. Seine Truppe war inzwischen auf sechshundert Mann angewachsen. Er besiegte die Philister und rettete dadurch die Bewohner der bedrängten Stadt, außerdem nahm er den Feinden deren gesamten Viehbestand ab.

Nun sollte man meinen, die Bewohner Kegilas würden David und seinen Kriegern nicht nur einen begeisterten Empfang bereiten, sondern ihm für seine Hilfe in jeder Weise dankbar sein. Doch weit gefehlt! Schon bald änderte sich seine Lage wieder.

Während nämlich David und seine Leute mit den Philistern kämpften, wurde Saul hinterbracht, daß sein Schwiegersohn die schützenden Berge verlassen und nach Kegila gezogen sei. „Gott hat ihn mir in die Hände gegeben", triumphierte Saul. „Nun werde ich David fangen. Wie in einer Falle sitzt er in dieser Stadt mit Wällen und Toren." Sofort befahl er, daß sein ganzes Kriegsheer nach Kegila ziehen sollte, um David und seine Männer einzuschließen.

Aber seine Rechnung ging nicht auf, denn er plante ohne Gott, während David sich immer bemühte, Gottes Willen zu tun und sich von seinem Geist leiten zu lassen.

Sauls Vorhaben blieb nicht verborgen. Zwar gab es in jenen Tagen kein Telefon, kein Radio und kein Fernsehen, aber dennoch gelangte die Nachricht irgendwie zu David. Wiederum wandte er sich an Gott und fragte: „Wird Saul herziehen? Ich bitte dich, Gott Israels, sprich zu deinem Diener!" Und Gott erwiderte: „Ja, er wird kommen!"

Was sollte David tun? Sollte er bleiben oder Kegila verlassen? Würden ihm die Bürger beistehen, falls es zum Kampf kommen sollte? Wenn nicht, dann befände er sich in höchster Gefahr. Niemand außer Gott konnte ihm in dieser schweren Entscheidung den einzig richtigen Rat geben. Daher ließ David ihn durch den Priester Abjathar fragen.

32

Gottes Antwort lautete: „Sie werden dich und deine Krie=
ger ausliefern." Da hielt sich David nicht länger in Kegila auf,
sondern verließ mit seinen sechshundert Mann unverzüglich
die Stadt und entwich in die Wüste.

Wie wichtig es ist, immer mit Gott verbunden zu sein,
haben — wie David — schon viele Menschen erfahren. Auch
heute ist Gott bereit, alle Fragen zu beantworten, mit denen
sich Männer und Frauen, Jungen und Mädchen an ihn
wenden.

Knapp am Tod vorbei

Nach ihrer Flucht aus Kegila hielten es David und seine Männer nicht für ratsam, zur Höhle Adullam zurück= zukehren. Deshalb wählten sie ein schroffes Felsengebirge in der Wüste Siph als Standquartier.

Dort empfing David in der Nacht einen Mann, den er lange nicht mehr gesehen hatte: seinen treuen Freund Jonathan. Durch zuverlässige Diener hatte der junge Prinz heraus= gefunden, wo David sich verbarg, und er hatte das Risiko eines Besuches nicht gescheut. So kam es zu diesem Wieder= sehen, das ihre Freundschaft festigte und sie beide für kurze Zeit vergessen ließ, daß des Königs Haß grenzenlos war.

Jonathan kannte genau die Schwierigkeiten, die David entgegenstanden, und er war darüber betrübt. Um ihn zu trösten, sagte er: „Fürchte dich nicht! Meines Vaters Hand wird dich nicht erreichen, und du wirst einmal König über Israel werden, und ich werde der zweite Mann neben dir sein; auch mein Vater weiß das sehr wohl."

Das also war der Grund für Sauls unerklärbares Verhalten. Weil er fürchtete, David könnte eines Tages König werden, wollte er ihn vorher aus dem Wege räumen lassen. Jonathan hingegen war fest davon überzeugt, daß nach Gottes Willen das Königreich David zufallen werde. Er selbst, des Königs ältester Sohn und rechtmäßiger Erbe des Thrones, sagte be= scheiden: „Ich will der zweite neben dir sein!"

Schließlich trennten sich die beiden wieder. Während Jonathan in die königliche Residenz zurückkehrte, blieb David in der Gebirgseinsamkeit. Zweifellos wäre Saul sehr wütend geworden, wenn er vernommen hätte, bei wem sein Sohn gewesen war.

Die Wüstenbewohner waren leider alles andere als Freunde Davids. Jetzt bot sich ihnen, wie sie meinten, eine gute Gelegenheit, die Gunst des Königs zu gewinnen. Einige von ihnen gingen zu ihm und verrieten ihm, wo sich David mit seinen Leuten versteckte. Nicht nur dies, sie waren sogar bereit, Saul mit seinen Kriegern hinzuführen und ihm den Flüchtling auszuliefern.

Saul ging erfreut darauf ein, zugleich aber wünschte er, daß der Plan nicht durch Unachtsamkeit vereitelt würde. Deshalb schickte er die Siphiter nach Hause mit dem Auftrag: „Beobachtet ihn sorgfältig und achtet genau darauf, wohin er geht, wo er sich aufhält und wer ihn besucht. Man hat mir gesagt, daß er sehr listig sei. Folgt ihm also überallhin und erkundet jeden Schlupfwinkel, in welchem er sich verbergen könnte, und kommt wieder zu mir, wenn ihr eurer Sache ge= wiß seid. Ich will dann mit euch ziehen. Ist er dann in eurem Gebiet, so will ich ihn ganz bestimmt unter allen Tausend= schaften Judas aufspüren."

Diesmal zweifelte Saul nicht daran, David zu fangen, denn die Siphiter machten auf ihn den Eindruck, daß sie den Unterschlupf genau herausgefunden hatten. Für sie als Bewohner der Wüste war das sicherlich eine Kleinigkeit, denn selbstverständlich kannten sie alle Schlupfwinkel ihrer Gebirgsheimat. Aber wie gerissen sie auch waren, David erwies sich ihnen überlegen. Als sie Saul und seine Krieger zu dem Versteck führten, in dem sie David mit seinen Männern vermuteten, fanden sie niemanden. Tagelang durchstreiften sie die einsamen Täler und untersuchten die vielen Höhlen, aber die sechshundert Mann blieben verschwunden.

Wieder einmal hatte David Wind von dem Plan Sauls bekommen. Daraufhin war er rechtzeitig mit seinen Getreuen in die benachbarte Wüste Maon geflohen.

Es dauerte jedoch nicht lange, bis Späher das neue Versteck entdeckten, und bald war Saul mit seinen Kriegern David auf der Spur. Das war eine Jagd! Manchmal zogen die beiden Rivalen so dicht nebeneinander her, daß nur ein Berg sie trennte. Schließlich aber schloß sich der Ring um Davids Schar so vollständig, daß es kein Entkommen mehr zu geben schien. Saul brauchte eigentlich nur noch zuzugreifen, um sie gefangenzunehmen. Doch da griff Gott wunderbar ein:

Ein Mann wurde auf dem kahlen Grat des Berges sichtbar, schaute sich um und rannte dann, so schnell er konnte, ins Tal hinunter auf Sauls Krieger zu.

Wer ihn sah, wußte sofort, daß er dem König eine dringende Nachricht zu überbringen hatte.

So war es tatsächlich. Er meldete dem König, daß die Philister erneut ins Land eingefallen waren.

Saul mußte daraufhin die Verfolgung Davids abbrechen. Er sammelte seine Krieger um sich und zog in Eilmärschen den Philistern entgegen.

So hatte Gott wieder einmal wunderbar eingegriffen, um David und seine Männer zu erretten.

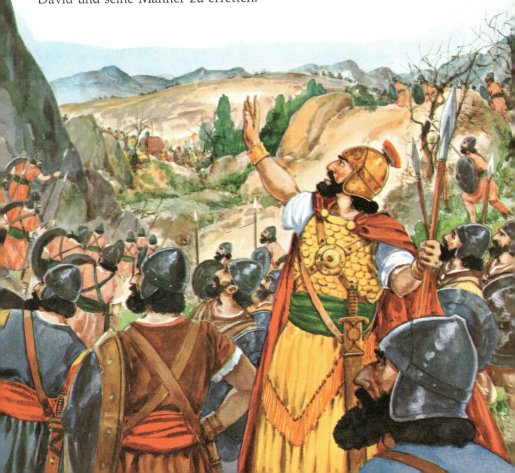

Böses mit Gutem vergolten

David und seine Getreuen konnten sich jedoch nur eine kurze Zeit der Ruhe erfreuen; denn kaum hatte Saul den Angriff der Philister zurückgeschlagen, da wandte er sich erneut gegen seinen vermeintlichen, ihm verhaßten Feind.

Diesmal rückte er mit dreitausend Kriegern an und besetzte die öden Gebirgspässe in der Hoffnung, David und seine Gesellen in der Gegend der Steinbockfelsen aufzustöbern.

Tagelang suchten sie vergeblich. Sie durchkämmten das ganze Gebiet, aber nirgends entdeckten sie auch nur eine Spur von David und seiner Schar. Sie waren und blieben verschwunden. Saul war verwirrt und beunruhigt zugleich. Wo konnten sie nur stecken?

Eines Tages betrat er, ohne von seiner Leibwache begleitet zu sein, ganz allein eine der zahlreichen Höhlen. Der plötzliche Wechsel zwischen dem grellen Sonnenlicht im Freien und der Dunkelheit in der Höhle raubte ihm jede Sicht und ließ die Dunkelheit noch viel dunkler erscheinen. Er konnte nichts erkennen und sah daher auch nicht, wer sich im Hintergrund der Höhle befand.

Er war nämlich versehentlich in Davids Versteck geraten und ahnte nicht, daß längs der Wände der Höhle lauter Krieger mit gezogenen Schwertern standen, bereit, ihr Leben teuer zu verkaufen.

Saul war, ohne es überhaupt zu wissen, in ihre Gewalt
geraten, dessen war sich David bewußt. Seine Leute raunten
ihm zu: „Nutze die Gelegenheit, töte ihn!" Aber er lehnte es
ab, denn er haßte Saul nicht, sondern empfand nur Traurig=
keit über ihn. Saul war für ihn immer noch als König der
Gesalbte Gottes, gegen den man seine Hand nicht erheben
durfte.

Aber die Versuchung, ihm wenigstens einen harmlosen
Denkzettel zu verabreichen, war groß. In der Dunkelheit
kroch David dicht an ihn heran. Er hätte Saul ohne weiteres
töten können, wenn er es nur gewollt hätte. Doch er schnitt
lediglich einen Zipfel von des Königs Rock ab und kehrte
dann zu seinen Männern zurück.

Selbst als er das tat, quälten ihn Gewissensbisse, und ihm
schlug das Herz vor Sorge, etwas Unrechtes getan zu haben.
Zu seinen Männern sprach er: „Gott bewahre mich davor,
daß ich meine Hand lege an den Gesalbten des Herrn!"

Als Saul, der nicht bemerkt hatte, was geschehen war, die
Höhle wieder verließ, um zu seinen in der Nähe wartenden
Kriegern zu gehen, hörte er plötzlich hinter sich rufen:

„Mein Herr und König!" Überrascht wandte er sich um
und sah David, der sich tief vor ihm verneigte.

Im ersten Augenblick verschlug es ihm die Sprache.
Träumte er? Doch dann vernahm er wiederum Davids freund=

lich werbende Stimme: „Warum hörst du auf das Geschwätz der Menschen, die da sagen: David sucht dein Unglück? Heute hast du selbst gesehen, daß dich der Herr in der Höhle in meine Hand gegeben hat. Man hat mir zugeredet, dich zu töten. Aber ich habe dich verschont. Ich will meine Hand nicht an dich, meinen Herrn, legen, denn du bist der Gesalbte des Herrn."

Bei diesen Worten zeigte er dem König das Stückchen Tuch.

„Mein Vater", rief er, „siehst du diesen Zipfel in meiner Hand? Ich schnitt ihn vorhin von deinem Rock und tötete dich nicht. Daran kannst du erkennen, daß meine Hände rein sind von Bosheit und Empörung. Gott will Richter sein zwischen dir und mir und mir zum Recht verhelfen. Aber meine Hand soll dich nicht anrühren."

Saul war so erschüttert, daß er mit Tränen in den Augen fragte:

„Ist das nicht die Stimme meines Sohnes David?" Beschämt fügte er hinzu: „Du bist gerechter als ich und hast mir Gutes erwiesen; ich aber habe dir Böses zugefügt."

Nun redeten sie freundlich miteinander wie in den früheren glücklichen Tagen. Schließlich verabschiedeten sie sich voneinander und trennten sich. Saul zog mit seinen Kriegern heimwärts, während David und seine Getreuen in die Höhle zurückkehrten.

Davids Besonnenheit hatte einen Kampf verhindert, und niemand war getötet oder verwundet worden. Und das nur, weil einer es wagte, Böses mit Gutem zu vergelten und so seinen ärgsten Feind zu bezwingen.

Tapfere, schöne Abigail

Eine der größten Sorgen Davids war es wahrscheinlich, immer ausreichend Verpflegung für seine sechshundert Män= ner aufzutreiben. Sie konnten ja nicht nur von wildwachsen= den Kräutern und Beeren leben oder von den Vögeln und dem Wild, das sie mit Pfeil und Bogen erlegten. Hin und wieder mußten sie sich auch Getreide von Bauern beschaffen.

Zwar hätten sie sich dies einfach mit Gewalt nehmen kön= nen; aber das war nicht Davids Art. Er war weder ein Dieb noch ein Straßenräuber. Nie vergaß er, daß der Prophet des Herrn ihn zum künftigen König von Israel gesalbt hatte.

Eines Tages sandte er zehn junge Krieger zu einem Guts= herrn namens Nabal. Sie sollten ihn um Nahrungsmittel bitten. Nabal war sehr reich, er besaß dreitausend Schafe und tausend Ziegen. Aber er war ebenso geizig wie reich.

„Friede sei mit dir und deinem Hause und mit allem, was du hast!" So höflich begrüßten ihn die jungen Krieger und trugen ihm Davids Bitte vor.

Aber Nabal war übel gelaunt.

„Wer ist euer David?" knurrte er, „und wer ist der Sohn Isais? Es treiben sich viele Knechte im Lande herum, die ihren Herren davongelaufen sind. Wie komme ich dazu, mein Brot und mein Wasser sowie das Fleisch, das ich für meine Schaf= scherer vorgesehen habe, Leuten zu geben, von denen ich nicht weiß, woher sie sind?"

Nichts, weder Brot noch Wasser noch Fleisch, wollte er David geben. Mit diesem Bescheid und leeren Händen schickte Nabal die jungen Krieger zurück, die sich bereits auf ein gutes, reichliches Essen gefreut hatten.

David geriet darüber in hellen Zorn. Noch nie hatte er solch einen Geizkragen erlebt! Diese Behandlung konnte er nicht einfach hinnehmen. Erregt befahl er vierhundert Krie= gern, mit ihm zu Nabal zu ziehen, um ihn wegen seiner Frechheit und Habsucht zu bestrafen.

Aber während David wütend loszog, führte Gott seinen eigenen Plan durch.

Folgendes trug sich zu: Nabals Ehefrau namens Abigail war nicht nur überaus schön, sondern auch klug und tapfer. Als sie von ihren Dienern hörte, wie schäbig ihr Mann die Abgesandten Davids behandelt hatte, war sie bestürzt, um so mehr, als sie zugleich erfuhr, daß Davids Krieger ihre Herden lange Zeit beschützt hatten.

Um die Angelegenheit schnellstens wieder in Ordnung zu bringen, nahm sie eilends, ohne erst mit ihrem Manne zu sprechen, zweihundert Brote, zwei Krüge Wein, fünf fix und fertig zubereitete Schafe, fünf Maß Röstkorn sowie ein= hundert Rosinenkuchen und zweihundert Feigenkuchen, lud alles auf Esel und machte sich auf den Weg zu David. Sie hoffte, dies würde ein richtiges Festessen für die Krieger be= deuten, die in der Wüste so lange kärglich hatten leben müssen.

Klugerweise schickte Abigail ihre Diener mit den be= ladenen Eseln voraus, während sie hinterher ritt. Vielleicht war sie sich doch nicht ganz sicher, ob David sich durch die Geschenke versöhnen lassen würde.

Auf dem einsamen Gebirgspfad, der bergabwärts führte, lief die kleine Karawane David direkt in die Arme. Im Nu hatten seine Leute sie umzingelt.

Der Anblick der grimmigen Krieger hätte jeden anderen in Furcht und Schrecken versetzt, aber Abigail ängstigte sich nicht, denn sie hatte sich auf diese Begegnung vorbereitet. Gelassen glitt sie von ihrem Reittier herab und verneigte sich tief und ehrerbietig vor David. Dann zeigte sie auf die Nah= rungsmittel und erklärte, daß diese geringen Gaben den Kriegern zugedacht seien.

Davids Zorn schmolz dahin, und der Gedanke an einen Festschmaus ließ auch die Gesichter der vierhundert Krieger freundlicher werden.

„Mein Herr, es ist sinnlos, sich über meinen Ehemann auf= zuregen", sagte Abigail lachend. „Nicht umsonst heißt er ja Nabal (= Tor), denn so ist er wirklich, und was er tut, ist meist reinste Torheit."

Sie bezeichnete sich selbst als die einzig Schuldige, weil sie Davids Boten nicht bemerkt und daher nicht für einen würdigen Empfang gesorgt hätte, und bat: „Vergib mir diese Unterlassung!"

Was blieb David anderes übrig? Er war gerührt. Konnte er jetzt noch hingehen und den Mann einer solchen Frau bestrafen? Er glaubte nie zuvor eine so liebreiche, schöne und anmutige Frau gesehen zu haben.

„Gelobt sei der Herr, der Gott Israels", antwortete er, „daß er dich mir entgegengesandt hat! Und gesegnet sei deine Klugheit, weil du mich heute davon zurückgehalten hast, in Blutschuld zu geraten."

Alle waren erfreut über diesen Ausgang. Eifrig luden die Männer die Verpflegung von den Eseln, und mit vielem gegenseitigen Dank zogen sie den Weg zurück, den sie ge= kommen waren.

Als Abigail heimkam, fand sie ihren Mann betrunken vor. Daher erzählte sie ihm nichts von dem, was sie unternom= men hatte. Erst am nächsten Morgen teilte sie es ihm mit. Das regte ihn aber so sehr auf, daß er einen Schlaganfall erlitt, an dem er einige Tage später starb.

David erfuhr natürlich von dem Tode Nabals. Ergriffen dankte er dafür, daß Gott ihn vor einer schlimmen Tat be= wahrt und selbst den Mann gerichtet hatte, der ihm Böses hatte zufügen wollen. Abigail, die ihm so unerschrocken entgegengetreten war, hatte einen tiefen Eindruck auf ihn gemacht, ja, er hatte sie sogar liebgewonnen. Deshalb sandte er schon recht bald Brautwerber zu ihr. Als Abigail sie angehört hatte, setzte sie sich auf einen Esel und zog mit fünf Dienerinnen zu David, dessen zweite Frau sie wurde.

bigail, die Frau des geizigen Nabel, ritt den
ungrigen Kriegern Davids entgegen, um ihnen
s Dank für den Schutz ihres Besitztums Le=
ensmittel und Getränke zu bringen. Dies war
ir David Anlaß, Gott zu loben und zu danken.

Nächtliches Abenteuer

David befand sich erneut in der Wüste Siph. Zu seinem großen Erstaunen vernahm er eines Tages, daß König Saul wieder hinter ihm her sei. Er konnte es kaum glauben. Nach alledem, was sich damals in der Höhle und bei der freund= lichen Aussprache mit ihm zugetragen hatte, war er der Meinung gewesen, daß nun nichts Störendes mehr zwischen ihnen sei. Und nun verfolgte Saul ihn genauso hartnäckig wie zuvor.

Um ganz sicher zu gehen, daß es nicht nur ein Gerücht sei, sandte David Späher aus. Sie bestätigten ihm, daß Saul mit 3000 Kriegern in großer Eile heranrücke.

Unter dem Eindruck dieser schlechten Nachricht schrieb David das ergreifende Gebet, das uns als 54. Psalm über= liefert ist: „Hilf mir, Gott, durch deinen Namen und schaffe mir Recht durch deine Kraft. Gott, erhöre mein Gebet, ver= nimm die Rede meines Mundes . . . Siehe, Gott steht mir bei, der Herr erhält mein Leben . . . So will ich dir ein Freuden= opfer bringen und deinen Namen, Herr, preisen, daß er so tröstlich ist . . ."

Diesmal flohen David und seine Leute nicht, sondern schlichen sich in der Nacht genau dorthin, wo Saul und seine Krieger lagerten.

Näher und näher kamen sie heran und konnten schließlich erkennen, wo Saul und sein Feldhauptmann Abner schliefen.

Sie stellten fest, daß Saul sich in der Mitte des Lagers beim Gepäcktroß niedergelegt hatte. Abner schlief neben ihm, während die anderen Krieger sich in mehreren Kreisen um sie gelagert hatten.

Sie alle schliefen tief und fest. Ab und zu schnarchten einige Soldaten. Manchmal fing ein Esel an zu schreien oder ein Pferd zu wiehern. Dann aber breitete sich wieder Stille über dem Lager aus.

Da flüsterte David zweien seiner mutigsten Männer zu: „Wer geht mit mir hinab zu Saul ins Lager?“

„Ich!“ antwortete Abisai ohne Zögern.

Sie verschwendeten keinen Gedanken daran, in welch große Gefahr sie sich begaben, sondern zogen kurz ent= schlossen los. Gewiß, ein Hund konnte anschlagen oder ein Posten sie entdecken und dadurch die Schlafenden wecken: die Chance, dann zu entkommen, war sehr gering. Aber David war überzeugt, daß Gott ihnen helfen werde.

Das letzte Stück mußten sie kriechen und darauf achten, keinen schlafenden Krieger anzustoßen.

Endlich waren sie neben Saul, der in tiefem Schlaf den Kopf an ein Polster lehnte. Sein Spieß war in den Boden gerammt, und neben ihm stand ein Krug mit Wasser.

Als Abisai den Mann erblickte, der ihnen so viele Sorgen und Nöte bereitet hatte, wollte er ihn am liebsten gleich umbringen. Haßerfüllt flüsterte er David zu: „Ein Wort von dir, und ich spieße ihn mit seinem eigenen Speer am Boden fest, so daß es keiner zweiten Waffe mehr bedarf."

Aber David schüttelte den Kopf. „Tu ihm nichts zuleide", gab er leise zurück. „Wer könnte die Hand an den Gesalbten des Herrn legen und ungestraft bleiben? So wahr der Herr lebt: Gott selbst wird ihn schlagen, wenn Sauls Zeit zu sterben da ist, oder er wird in den Krieg ziehen und umkommen."

So bewies David wieder einmal, wie sehr er darauf vertraute, daß Gott alles zum Guten führen werde.

Doch mit einer Spur des Unbehagens, ähnlich damals in der Höhle, als er den Zipfel von Sauls Mantel abgeschnitten hatte, flüsterte er Abisai zu: „Nimm seinen Spieß und seinen Wasserkrug und laß uns gehen."

So leise wie sie gekommen waren, schlichen die beiden wieder fort.

Kaum hatten sie das eigene Lager auf der anderen Seite des Berges erreicht, da stieg David auf den Gipfel hinauf, so daß genügend Raum zwischen ihm und seinen Feinden war.

Es war noch früh am Morgen, und als er hinüberrief, ant=
wortete ihm niemand, weil das ganze Lager Sauls schlief.

Erneut versuchte er es und schrie, so laut er konnte:
„Abner, warum antwortest du nicht?"

Verschlafen erhob sich Abner von seinem Lager.

„Wer bist du, daß du in Gegenwart des Königs so
schreist?" brüllte er ärgerlich.

„Was bist du nur für ein großartiger Mann!" höhnte
David. „Wer in Israel kann sich mit dir vergleichen? Doch
warum hast du deinen Herrn, den König, nicht bewacht?
Schau nach, wo sein Spieß und sein Wasserkrug sind, die zu
seinem Haupte waren!"

49

„Wo sind sie denn?" schimpfte Abner beleidigt. „Was willst du frecher Kerl überhaupt?"

Inzwischen war Saul erwacht und hatte Davids Stimme erkannt. Verwundert rief er: „Höre ich nicht deine Stimme, mein Sohn David?"

„Ganz gewiß, mein Herr und König", antwortete David. Auch diesmal fragte er versöhnlich: „Was habe ich dir getan, und was ist böse in meiner Hand?"

Nun gewahrte Saul seinen Spieß und seinen Wasserkrug in Davids Händen. Da begriff er, daß David in der Nacht an seinem Lager gewesen war, und er sprach: „Ich habe ge=sündigt! Komm wieder, mein Sohn David. Ich will dir hinfort nichts Böses mehr tun, weil mein Leben heute nacht in deinen Augen teuer gewesen ist. Siehe, ich habe falsch und ungerecht an dir gehandelt."

Der König hatte die Wahrheit gesagt, allerdings reichlich spät. David, wie immer zur Vergebung bereit, rief zurück: „Sieh her, hier ist der Spieß des Königs! Einer von den jungen Leuten mag herüberkommen und ihn holen!"

Dankbar erwiderte der König: „Gesegnet seist du, mein Sohn David! Du wirst ausführen und vollenden, was Gottes Wille ist!"

Das war der gute Ausgang eines lange währenden Haders. David zog mit seinen Leuten nach Gath, und Saul stellte ihm von nun an nicht mehr nach.

Die Wahrsagerin von Endor

Einer der Gründe, die Saul veranlaßten, David nicht mehr zu verfolgen, lag wohl darin, daß die Philister wieder ins Land eingefallen waren.

Diesmal kamen sie in so großer Zahl, daß Saul sehr er= schrak und vor Furcht wie gelähmt war.

Dringend brauchte er guten Rat; aber wer sollte ihm den erteilen? Früher war er in Zeiten der Not zum Propheten Sa= muel gegangen, der für ihn Gott befragte; doch Samuel war schon lange tot.

Auch vom Hohenpriester hätte er sich Rat erbitten kön= nen, aber der war ebenfalls tot — ums Leben gekommen durch königlichen Befehl. Denn Saul hatte durch Doëg alle Priester töten lassen, und Doëg hatte den Befehl gar zu gern befolgt. Lediglich Abjathar war entkommen. Aus Furcht vor dem Zorn des Königs hatte er bei David Zuflucht gesucht und gefunden.

Saul hatte sich noch nie in seinem Leben so einsam und verlassen gefühlt. Verzweifelt flehte er Gott an, erhielt aber keine Antwort von ihm.

Als die Philister näherrückten, packte ihn das Grauen. Was sollte er tun, wo Samuel tot war und Gott schwieg? Da ent= schloß er sich, eine Wahrsagerin aufzusuchen. Vielleicht könnte sie ihm mit einem Rat helfen. Das aber war das Schlimmste, was er tun konnte.

In jenen Tagen gab es Frauen, die behaupteten, mit Ver=
storbenen sprechen zu können. Sie wurden Wahrsagerinnen
genannt, obwohl sie keineswegs die Wahrheit sagten, son=
dern die Leute in ihrer Not belogen und betrogen. Deshalb
hatte Gott befohlen, sie samt und sonders aus dem Lande
zu vertreiben. Zu Lebzeiten Samuels hatte Saul dieses Gebot
befolgt. Aber einige waren übriggeblieben oder zurück=
gekehrt.

Eine solche „weise Frau" lebte in Endor. Saul, der sich von
Gott verlassen fühlte, hörte davon. Daraufhin verkleidete er
sich und suchte sie mit zwei zuverlässigen Dienern auf.

Als die drei Männer mitten in der Nacht bei ihr eintrafen, bekam die Frau Angst, denn sie hielt sie für Spione, die die Wahrsagerinnen aufspüren sollten. Aber Saul schwor, ihr werde nichts Böses widerfahren, wenn sie ihm seine Wünsche erfülle. „Wen aus dem Totenreich soll ich vor dir erscheinen lassen?" fragte die Frau nun.

„Hole mir Samuel herauf!" befahl er.

Natürlich konnte sie das nicht tun, denn Gott hätte es nie zugelassen, daß der Todesschlaf seines Propheten gestört würde. Die Gestalt, die angeblich erschien, war jedoch nicht Samuel, sondern ein teuflischer Geist.

Saul erblickte Samuel nicht, aber er glaubte, was die Wahr= sagerin ihm vorgaukelte. In der Annahme, Samuel höre ihm zu, sagte er: „Ich bin in großer Bedrängnis. Gerade jetzt, wo die Philister gegen mich kämpfen, ist Gott von mir gewichen und antwortet mir nicht, weder durch Propheten noch durch Träume. Nun habe ich dich rufen lassen, damit du mir rätst, was ich tun soll."

Falls Saul erwartet haben sollte, einen guten Rat oder wenigstens ein ermutigendes Wort hören zu können, so hatte er sich getäuscht. Die Botschaft, die ihm angeblich von Samuel übermittelt wurde, enthielt nur Übles: Israel, so hieß es, werde den Philistern unterliegen, und Saul und seine Söhne würden in der Schlacht fallen.

Völlig entmutigt kehrte Saul in die Königsstadt zurück. Er hatte nicht nur keine Hilfe erhalten, nun war ihm auch die letzte Kraft zerbrochen, den Kampf mit den Philistern zu wagen. Hoffnungslos, von Gott verlassen, voll banger Ahnung seines nahen Untergangs, so wartete er auf die Ent= scheidungsschlacht.

53

r der Entscheidungsschlacht zwischen den raeliten und Philistern suchte Saul eine Wahr= gerin in Endor auf, die vorgab, den Geist des rstorbenen Propheten Samuel beschwören zu nnen. So tief war Saul gesunken!

Aus der Gefangenschaft befreit

König Achis von Gath war David und seinen Leuten sehr zugetan und hatte ihnen Heimatrecht in der kleinen Stadt Ziklag eingeräumt. Glücklich, endlich in Ruhe leben zu kön= nen, bauten die sechshundert Krieger dort Häuser für ihre Frauen und Kinder und mehrten den Wohlstand der Bürger.

Daß nun wieder ein Krieg zwischen den Philistern und den Israeliten ausbrach, war ungünstig für David; denn da Ziklag und Gath zum Herrschaftsbereich der Philister gehör= ten, war König Achis verpflichtet, mit allen wehrfähigen Männern gegen Israel ins Feld zu ziehen.

Damit geriet David in Gewissensnot. Konnte und durfte er gegen sein eigenes Volk und seinen König kämpfen? Die Entscheidung war gewiß nicht leicht. An einem bestimmten Tage sammelten sich die Truppen der Philister, und die Fürsten zogen mit ihren Hundertschaften und Tausend= schaften in den Krieg. David mit seinen Männern sowie Achis mit seinen Kriegern bildeten die Nachhut.

Plötzlich wurden die Heerführer der Philister auf Davids Haufen aufmerksam. „Was sollen die Hebräer hier?" fragten sie mißtrauisch.

König Achis versuchte sie mit dem Hinweis zu beruhigen, David wohne mit seinen Männern schon längere Zeit bei ihm und sei ein grundehrlicher Mann. Aber die Feldherren blie= ben dabei, daß Hebräer nicht in ihren Reihen gegen Israel kämpfen dürften. Ärgerlich befahlen sie: „Schick den da zu= rück, damit er nicht mit uns ziehe! Sonst kann er unser Widersacher im Kampf werden!"

Das war zweifellos ein triftiger Grund. Achis rief deshalb David zu sich und bat ihn, nach Ziklag zurückzukehren.

„Ich vertraue dir voll und ganz, und du bist mir so lieb wie ein Bote Gottes. Aber unsere hohen Offiziere haben be= fohlen: ‚Laß David nicht mit uns in den Kampf ziehen.‘ Ver= lasse uns deshalb gleich morgen früh mit deinen Kriegs= leuten."

David war einverstanden und zog mit seinen Männern heim. Doch als sie Ziklag erreichten, war der Ort bis auf die Grundmauern niedergebrannt. Die Amalekiter hatten ihn nämlich, als die wehrfähigen Männer mit dem Troß der Philister gezogen waren, überfallen, geplündert, gebrand= schatzt und schließlich alle Frauen und Kinder als Beute hin= weggeführt.

Der Schreck fuhr David und seinen Leute in die Glieder. Nicht im Traume hatten sie einen solchen Schicksalsschlag für möglich gehalten. Fassungslos standen sie vor den Trümmern und weinten, bis keine Tränen mehr kamen.

Die schlimme Heimkehr stimmte die Männer aber nicht nur traurig, vor Verbitterung wurden sie auch ungerecht, und einige verlangten sogar, man solle David steinigen, da er an allem Unglück schuld sei. Er aber stärkte sich mit dem Ge= danken an Gott, dem er vertraute. Umgeben von den ver= kohlten Trümmern der Stadt, fragte er Gott: „Soll ich der Räuberschar nachjagen, und werde ich sie einholen?"

Gott antwortete ihm: „Eile ihr nach! Du wirst sie einholen und die Gefangenen befreien."

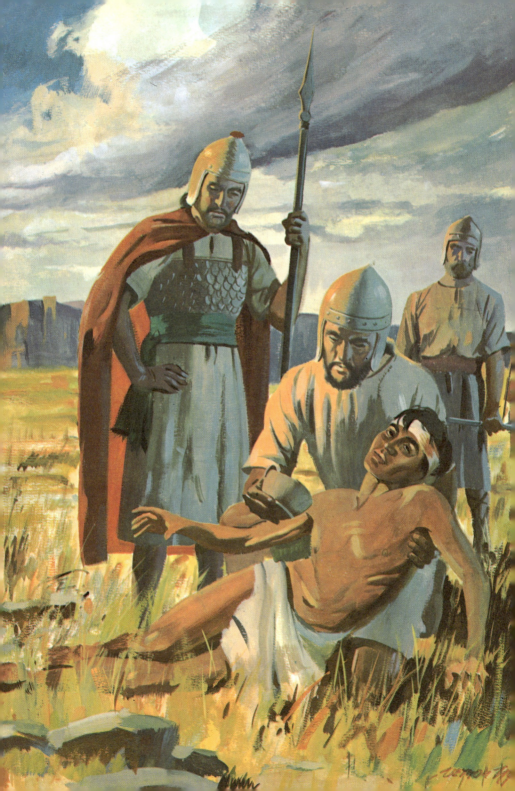

Nun gab es für David und seine Männer kein Halten mehr. Sie setzten den Amalekitern ohne Rücksicht auf sich selbst nach. Als sie den Bach Besor erreichten, waren zwei= hundert von ihnen so erschöpft, daß sie nicht mehr weiter= konnten. Daher wurden sie mit dem Gepäck zurückgelassen, und schon eilten die andern weiter.

Plötzlich hatten sie die Spur verloren. Was nun? War ihre Eile vergeblich gewesen? Hatten sie etwa ihren eigenen Wunsch für einen Befehl Gottes gehalten? Konnten sie die Amalekiter noch rechtzeitig einholen, ehe ihren Frauen und Kindern ein Leid zugefügt war?

Da entdeckten sie auf einem Ackerfeld einen jungen Ägypter, der krank und schwach vor Hunger war. Sie stärkten ihn mit Feigen= und Rosinenkuchen sowie mit Wasser. Bald kam er wieder zu Kräften und sagte aus, daß er der Diener eines jener Amalekiter sei, die Ziklag nieder= gebrannt hatten. Als er auf dem Rückzug krank wurde, habe sein Herr ihn zurückgelassen.

Er wies David die Richtung, die die Amalekiter ein= geschlagen hatten. Das war gute Botschaft. Sofort wurde die Verfolgung wieder aufgenommen.

Am Abend holten sie die Feinde ein. Der Anblick, der sich ihnen bot, war widerlich: Die Amalekiter hatten sich über ein weites Feld ausgebreitet, aßen und tranken und feierten, weil sie so große Beute im Philisterland und in Judäa gemacht hatten. Inmitten der Betrunkenen befanden sich die entführ= ten Frauen und Kinder. Einige waren gefesselt, manche sogar angekettet.

David gab unverzüglich den Befehl zum Angriff, und seine Männer stürzten sich auf die Räuber, um ihre Lieben

57

ei der Verfolgung der Amalekiter fand David
nen jungen kranken Sklaven, den sein Herr
cksichtslos sich selbst überlassen hatte. Dieser
nge Mann verriet David den Weg, den die
inde eingeschlagen hatten.

zu befreien. Mit solchem Ungestüm stritten sie, daß die Ama=
lekiter große Verluste erlitten. Die Nacht hindurch und den
ganzen nächsten Tag währte der Kampf auf der weiten
Ebene. Nur wenige Feinde entrannen auf ihren schnellen
Reitkamelen.

Wie mögen die Kinder vor Freude gejauchzt haben, als sie
ihre Väter zu ihrer Rettung heranstürmen sahen! Und die
Frauen mögen ihre Männer angefeuert haben, im Kampf
nicht zu erlahmen.

Nach der Schlacht gab es manche rührende Szene. Die
Krieger hatten ihre Frauen, Kinder, Eltern, Schwestern und
Brüder wieder. Aber die Freude war getrübt, denn einige
Männer waren gefallen oder verwundet. Immerhin, David
hatte alles zurückgewonnen, wie Gott es ihm versprochen
hatte.

Auf einmal sah sich David vor ein Problem gestellt, mit
dem er nicht gerechnet hatte und das die Schlagkraft seiner
Truppe gefährden konnte. Einige Krieger vertraten nämlich
lauthals die Meinung, daß die anderen, die am Fluß zurück=
geblieben waren, kein Anrecht auf Beute hätten. Lediglich
ihre Frauen und Kinder sollten sie zurückerhalten. Alles an=
dere sollte den Kämpfern zufallen.

David, in dessen Herzen Kleinlichkeit keinen Raum hatte,
entschied jedoch: „Niemand kann eurer Ansicht sein; denn
was wir erbeuteten, hat uns der Herr gegeben. Deshalb soll
der Anteil derer, die in den Kampf gezogen sind, nicht größer
sein als der Anteil der Männer, die beim Gepäck Wache ge=
halten haben!"

Und dabei blieb es.

Sauls schlimmes Ende

Nicht lange nach seinem Besuch bei der Wahrsagerin von Endor zog Saul an der Spitze seines Heeres den Philistern entgegen.

Es waren schlimme Tage für Israel. Von vornherein war der Krieg so gut wie verloren. Die Mutlosigkeit des Königs steckte die Soldaten an, und damit schwand jede Aussicht auf Sieg. Saul wußte, daß Gott nicht mehr mit ihm war, und so rechnete er mit einer Niederlage.

Kaum hatte der Kampf begonnen, da wandten sich die Männer Israels auch schon zur Flucht und rissen Saul und seine Söhne mit sich fort, unaufhörlich von den Philistern hart bedrängt.

Zuerst fiel Jonathan, dann seine beiden Brüder.

Kurz darauf wurde Saul von einem Pfeil schwer ver= wundet. In seiner Todesangst bat er seinen Waffenträger, ihn zu erstechen. Doch dieser weigerte sich. Da nahm Saul das Schwert und stürzte sich hinein. Als der Waffenträger seinen Herrn leblos liegen sah, folgte er ihm in den Tod. Auf der ganzen Linie hatten damit die Feinde gesiegt.

Als der Morgen graute, plünderten die Philister die Er= schlagenen aus. Dabei stießen sie auch auf die Leichen Sauls und seiner drei Söhne.

Sie hieben Saul das Haupt ab, zogen ihm seine Rüstung aus und sandten diese Trophäen im Philisterland umher, um ihren Göttern und ihrem Volke den Sieg zu verkünden. Seinen Leichnam hängten sie an der Mauer der Stadt Beth= Schean auf, seine Rüstung legten sie im Tempel ihrer Göttin Astarte nieder, und seinen Schädel nagelten sie im Tempel Dagons an.

So schrecklich war das Ende des Mannes, den Gott aus= erwählt hatte, der erste König von Israel zu sein. Warum mußte er so enden?

Die Bibel gibt darüber Aufschluß: „So fand Saul den Tod infolge seiner Treulosigkeit, deren er sich gegen den Herrn schuldig gemacht hatte, weil er das Gebot des Herrn nicht beobachtet und auch weil er eine Totenbeschwörerin auf= gesucht hatte, um sie zu befragen, statt sich an den Herrn um eine Offenbarung zu wenden."

So hatte letzten Endes der Ungehorsam Sauls Tod bewirkt. Immer wieder hatte er Gottes Gebote mißachtet, bis ihn schließlich die Folgen seiner Untreue trafen. Mit der Be= fragung der Wahrsagerin besiegelte er schließlich selbst sein Schicksal.

Gott nicht zu gehorchen ist gefährlich. Wenn wir ihm aber sagen und zeigen, daß wir unser Fehlverhalten bereuen, dann ist er bereit, uns zu vergeben. Wer jedoch leichtfertig immer wieder Dinge tut, die Gott nicht gefallen, braucht sich nicht zu wundern, wenn es ihm eines Tages ähnlich wie König Saul ergehen wird.

TEIL II

Hirtenkönig David

Der Mann mit der Krone

Zwei Tage nach seinem Sieg über die Amalekiter erreichte David in Ziklag die Nachricht vom Tode Sauls.

In der niedergebrannten Stadt waren alle so sehr damit beschäftigt gewesen, die Trümmer aufzuräumen und die Beute zu sichten, daß sie sich kaum um den Ausgang des Krieges Israels gegen die Philister gekümmert hatten.

Da traf ein Mann ein, dessen Botschaft ihr Leben schlag= artig ändern sollte.

David brauchte ihn nur anzublicken, um zu wissen, daß er schlechte Kunde brachte; denn seine Kleider waren zerrissen, und auf sein Haupt hatte er Erde gestreut.

„Wo kommst du her?" fragte David.

„Aus dem Heerlager der Israeliten", antwortete er. „Viele sind ums Leben gekommen, auch Saul und sein Sohn Jo= nathan. Ich kam ganz zufällig auf das Gebirge Gilboa; da erblickte ich plötzlich Saul, der sich auf seinen Speer stützte, während die Kampfwagen und Reiter ihn arg bedrängten. Als er mich sah, befahl er mir, ihm den Todesstoß zu ver= setzen, da er doch nicht überleben würde."

„Da trat ich zu ihm und tötete ihn", so berichtete der Mann weiter, der ein Amalekiter war, „denn ich erkannte, daß er sowieso sterben würde. Dann nahm ich die Krone von seinem Haupt und das Armgeschmeide von seinem Arm und bringe es her zu dir, meinem Herrn."

63

n Bote überbrachte David die Krone und das
eschmeide Sauls als Beweis dafür, daß er den
inig getötet habe. Wie war er überrascht, daß
avid es ihm nicht dankte, sondern in ihm den
örder des Gesalbten des Herrn sah!

Er holte die Königsinsignien hervor, um sie David aus=
zuhändigen. Die Leute von Ziklag standen umher und
staunten die Krone an.

Der Mann mag erwartet haben, durch seine Lüge, Saul
getötet zu haben, von David eine große Belohnung erhalten
zu können. Aber fehlgedacht, niemand empfand Freude über
den Tod des Königs, der ihr Feind gewesen war. Alle hielten
Klage um ihn, weinten und fasteten bis zum Abend als
Zeichen ihrer Trauer um Saul und seinen Sohn Jonathan
sowie um die vielen gefallenen Israeliten.

Der Bote konnte das nicht verstehen. „Warum trauern sie
eigentlich", fragte er sich, „habe ich nicht gute Nachricht ge=
bracht?" Die Antwort blieb nicht aus.

Zornig fuhr David ihn an: „Du hast dich nicht gefürchtet,
deine Hand gegen den Gesalbten des Herrn zu erheben, um
ihn zu töten?" Das war in Davids Augen ein todeswürdiges
Verbrechen. „Komm her und schlag ihn nieder!" befahl er
einem seiner Krieger, der den Befehl sofort ausführte.

In jenen Stunden dichtete David sein ergreifendes Klage=
lied über Saul und seinen Freund Jonathan:

„Die Edelsten in Israel sind auf deinen Höhen erschlagen.
Wie sind die Helden gefallen!

Sagt's nicht an in Gath, verkündet's nicht auf den Gassen in Askalon, daß sich nicht freuen die Töchter der Philister . . .

Saul und Jonathan, geliebt und einander zugetan, im Leben und im Tod nicht ge=schieden; schneller waren sie als die Adler und stärker als die Löwen . . .

Wie sind die Helden gefallen im Streit! Jonathan ist auf deinen Höhen erschlagen! Es ist mir leid um dich, mein Bruder Jona=than, ich habe große Freude und Wonne an dir gehabt; deine Freundschaft war mir wichtiger als Frauenliebe.

Wie sind die Helden gefallen und die Streitbaren umgekommen!"

So klagte David um Jonathan, aber auch um Saul, dessen Lieblosigkeit er längst ver=ziehen hatte.

Kein Wunder, daß Gott David liebte und ihn einen Mann nach seinem Herzen nannte.

Das Feld der starken Männer

Der Tod Sauls stellte David vor Fragen von weittragender Bedeutung: Sollte er sich selbst zum König ausrufen, oder sollte er noch warten? Sollte er den Wiederaufbau der Stadt Ziklag fortsetzen, oder sollte er in seine Heimat zurück= kehren?

Auch in dieser Angelegenheit wandte er sich an Gott.

„Soll ich hinauf in eine der Städte Judas ziehen?" fragte er.

„Zieh hinauf!" antwortete Gott.

„Wohin?"

„Nach Hebron!"

So schlicht verkehrte David mit Gott. Er war immer ehrlich bemüht, des Herrn Willen zu erfahren und auch zu befolgen.

Schon bald verließ David mit seinen Kriegern das kleine, niedergebrannte Ziklag, wobei natürlich jeder seine Familie mit allem Hab und Gut mitnahm. In den Städten Hebrons ließen sie sich nieder.

Mit Windeseile erfuhr das ganze Volk, daß David zurück= gekehrt sei. Die alten Freunde freuten sich, ihn endlich wiederzusehen, und die Fürsten Judas kamen sogar und salbten ihn zu ihrem König.

Aber damit waren Davids Sorgen keineswegs behoben. Abner, bisher Sauls Feldhauptmann, erklärte nämlich Isch=

Boscheth, einen Sohn Sauls, zum rechtmäßigen Erben des Thrones und rief ihn, gestützt auf seine Truppen, zum König von Israel aus.

Nun gab es zwei Könige: David, König von Juda, und Isch=Boscheth, König von Israel. Beide verfügten über viele Tausende Soldaten. Abner befehligte die einen, Joab die anderen.

Eines Tages stießen die beiden Kriegerhaufen am Teiche Gibeon aufeinander. Der eine Trupp lagerte sich diesseits, der andere jenseits des Gewässers.

Einem alten Kriegsbrauch folgend, schlug Abner dem Joab vor: „Laß die jungen Männer sich aufmachen zum Kampf= spiel vor uns!" Joab antwortete: „Es sei!"

Da erhoben sich die zwölf stärksten jungen Krieger aus der Schar Davids und traten gegen die zwölf stärksten Männer Isch=Boscheths an.

Es war ein einzigartiger Anblick, als die vierundzwanzig jungen Krieger anfingen, Kraft und Mut aneinander zu messen. Aber sie waren sich so ebenbürtig, daß niemand als Sieger hervorging. Schließlich ergriff einer den andern beim Kopf und stieß ihm das Schwert in die Seite. Auf diese Weise starben alle vierundzwanzig und wurden sogleich an Ort und Stelle begraben. Deshalb nannte man die Stätte „Feld der starken Männer".

In dem Kampf, der nun mit aller Schärfe entbrannte, wur= den Abner und die Männer Israels von Davids Kriegern ge= schlagen.

Auch Abner floh, um sein Leben zu retten, wurde aber von dem jungen Asahel, einem Bruder Joabs, verfolgt und ein= geholt. Abner warnte ihn, ihm nicht zu nahe zu kommen. Doch als Asahel nicht von ihm abließ, stieß er ihn mit seinem Spieß nieder, so daß Asahel tot umfiel. Diese Tat der Not= wehr trug ihm den unversöhnlichen Haß Joabs ein.

Abner entkam, jedoch nicht für immer. Die Bibel berichtet: „Der Krieg zwischen dem Hause Sauls und dem Hause Davids zog sich dann in die Länge; aber Davids Macht nahm immerfort zu, während das Haus Sauls immer schwächer wurde."

Der von Gott erwählte Führer war auf dem Wege zum Thron.

Gemeinheit und Hinterlist

Wochen und Monate gingen dahin, und Abner sah ein, daß er auf der falschen Seite stand, denn David gewann un=aufhörlich in Israel an Ansehen, und alle wünschten sich ihn als König. Da beschloß Abner, Isch=Boscheth zu verlassen und sich David anzuschließen.

David war darüber erfreut, denn Abners Frontwechsel be=endete den Bruderkrieg. Er verehrte ohnehin diesen tüchtigen Heerführer, der ihm sicherlich ebenso treu wie dem König Saul dienen würde.

Allerdings stellte er ihm eine Bedingung: Abner sollte Michal, Davids erste Frau, suchen und zu ihm führen. Abner war damit einverstanden und erfüllte Davids Wunsch. Schon vorher hatte er insgeheim Verbindung zu allen Oberen Israels aufgenommen und sie mit dem Plan eines vereinigten Königreiches bekannt gemacht. Seinen Vorschlag begründete er mit den Worten: „Ihr habt längst danach verlangt, daß David König über euch sei. So tut's nun, denn der Herr hat gesagt: Durch die Hand meines Knechtes David will ich mein Volk Israel erretten aus der Hand der Philister und aller seiner Feinde."

Die Stammesfürsten stimmten dem Plan zu. Abner teilte dies David mit, der ihn daraufhin zu einem Besuch einlud.

Abner kam in Begleitung von zwanzig Mann nach Hebron, wo David ihn mit einem Festmahl ehrte. Alles verlief har=

monisch, und David, großherzig wie immer, ging darüber
hinweg, daß Abner ihm in der Vergangenheit viel Übles
zugefügt hatte. Abner versprach: „Ich will sofort alles tun,
um ganz Israel zu meinem Herrn, dem König, zu sammeln,
damit sie einen Bund mit dir schließen, auf daß du der König
seist, wie es dein Herz begehrt."

Auch weiterhin hätte alles gut gehen können, wenn es
nicht zu einem bösen Zwischenfall gekommen wäre." Als
Joab nämlich erfuhr, was sich während seiner Abwesenheit
zugetragen hatte, geriet er außer sich vor Wut. „Was hast du
da getan?" warf er David vor. „Abner ist zu dir gekommen,
doch warum hast du ihn ungehindert wieder ziehen lassen?
Du müßtest eigentlich wissen, daß er dich nur überlisten will.
Er will dein Tun und Lassen erkunden und alle deine Ab=
sichten erfahren."

Joab hielt Abner für einen Spion. Vor allem haßte er ihn,
weil Abner seinen Bruder Asahel getötet hatte. Ohne Wissen
Davids ließ er Abner durch Boten auffordern, nach Hebron
zurückzukehren.

70

In der Annahme, daß David ihn nochmals zu sprechen wünsche, kehrte Abner in Erwartung eines freundlichen Empfanges und weiterer gastlicher Bewirtung um. Bei seiner Ankunft trat Joab mit ihm in das Innere des Tors, als wolle er heimlich mit ihm reden. Dort ermordete er ihn durch einen Stich in den Leib und rächte dadurch den Tod seines Bruders Asahel.

David war entsetzt, als er von dem Mord hörte. Er befahl Joab, sich in Sackleinen zu kleiden und für den Mann, den er umgebracht hatte, die übliche Totenklage zu halten. Für Joab war das bitter. Als Abner zu Grabe getragen wurde, folgte David der Bahre.

An der Gruft sprach er zu seiner Umgebung: „Wißt ihr nicht, daß an diesem Tag ein Fürst und großer Feldherr ge=fallen ist in Israel?"

David war über die feige Mordtat so erregt, daß er nicht essen konnte. Das gesamte Volk nahm es wahr, und alle erkannten, daß der König die Ermordung Abners nicht ver=anlaßt hatte.

In kurzer Zeit hatte sich der Tod Abners überall im Lande herumgesprochen. Das brachte zwei ehemalige Hauptleute Sauls auf den schlimmen Gedanken, die Gunst Davids da=

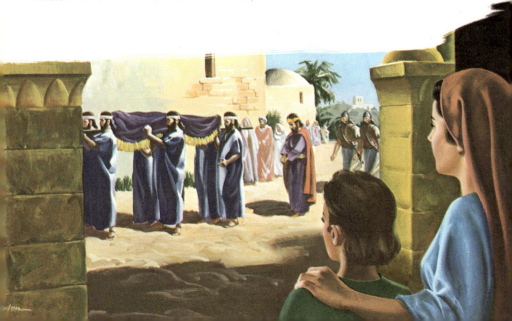

durch zu gewinnen, daß sie den Rivalenkönig Isch=Boscheth
durch eine Gewalttat beseitigten.

Gedacht, getan! An einem heißen Tag schlichen sie in das
Haus Isch=Boscheths, der gerade über Mittag auf seinem
Bette ruhte. Sie töteten ihn und brachten sein Haupt zu David
mit den Worten: „Hier hast du das Haupt Isch=Boscheths, des
Sohnes Sauls, deines Feindes, der dir nach dem Leben ge=
trachtet hat. Der Herr hat heute unsern Herrn, den König,
an Saul und seinen Nachkommen gerächt."

Über diese Schandtat aus reiner Gewinnsucht war David
noch viel zorniger als über die des Joab. „So wahr der Herr
lebt, der mich aus aller Bedrängnis errettet hat", so fuhr er
die beiden an, „ich habe den Mann, der mir verkündete: Saul
ist tot, und meinte, er sei ein Glücksbote, in Ziklag ergreifen
und töten lassen. Ihr aber seid ruchlose Mörder, die einen
wehrlosen Mann in seinem Hause auf seinem Lager er=
schlagen haben!"

David gebot seinen Leibwächtern, sofort das Todesurteil
an ihnen zu vollstrecken.

Damit tat David unmißverständlich kund, daß weder Ge=
meinheit noch Hinterlist unter seiner Herrschaft geduldet
werden würden.

72

David zum König gekrönt

Fünfzehn Jahre waren vergangen, seit David den Riesen Goliath besiegt hatte. Fast immer hatte er sich vor seinem eifersüchtigen Schwiegervater verbergen müssen. Nun war er dreißig Jahre alt geworden, und die Bevölkerung des ganzen Landes liebte ihn.

Der Stamm Juda hatte ihn bereits zum König gesalbt, nun wollten ihn auch die anderen Israeliten, die bisher dem Sohne Sauls die Treue gehalten hatten, als Herrscher haben. Deshalb kamen alle Fürsten und Obersten des Volkes nach Hebron und krönten David zu ihrem König.

Es war eine prachtvolle Feier mit einem Festzug, wie ihn das Land noch nicht gesehen hatte. Zu Tausenden strömten die Menschen aus allen Teilen des Landes herbei. Jeder Stamm war von Kriegern in voller Waffenrüstung vertreten. Ihre Schwerter, Schilde und Speere spiegelten vielfältig den Glanz der Sonne wider.

Die Spitze des Festzuges bildeten die Vertreter Judas — 6800 Schild- und Speerträger. Wie mag es gedröhnt haben, als sie durch die engen Straßen der Stadt zogen.

Ihnen folgten die 7100 Krieger des Stammes Simeon, lauter streitbare Helden; die Leviten stellten 4600 gerüstete Männer, ferner Jojada als Anführer der 3700 Krieger aus dem Priestergeschlecht Aarons sowie Zadok, einen jungen Helden, dessen Sippe zweiundzwanzig Hauptleute stellte.

73

Der Stamm Benjamin sandte 3000 Soldaten, von denen die meisten bis zu diesem Zeitpunkt zum Hause Sauls gehalten hatten.

Eine stattliche Abordnung ver=trat den Stamm Ephraim, nämlich 20 800 tapfere und in ihren Fa=milien hochangesehene Männer.

Der halbe Stamm Manasse hatte 18 000 Krieger namentlich bestimmt, nach Hebron zu ziehen und David zum König zu erheben.

200 Hauptleute des Stammes Isaschar, alles Männer, die sich in jeder Lage als Ratgeber bewähr=ten, führten ihre wehrfähigen Stammesgenossen zum Krönungs=ort Hebron.

Von Sebulon kamen 50 000 Männer, zum Kampf gerüstet mit allerlei Waffen, einmütig bereit, für David einzutreten.

Naphtali entsandte 37 000 Krieger unter 1000 Haupt= leuten, alle mit Schild und Speer. Ihnen folgten 28 600 zum Kampf gerüstete Männer des Stammes Dan.

Von Asser rückten 4000 Mann Fußtruppen an.

Von jenseits des Jordans, von Rubenitern, Gaditern und dem andern halben Stamm Manasse trafen 120 000 Männer ein, die bestens bewaffnet waren. Alle zusammen bildeten eine Heerschar der Macht und Stärke Israels.

Alle diese Fürsten, Hauptleute und Krieger waren in tage= langen Märschen nach Hebron gekommen, um David zum König über ganz Israel zu krönen, denn das gesamte Volk stand einmütig hinter diesem Vorhaben.

Nach dem Vorbeizug und der Krönungsfeier fand ein großes Fest statt, das drei Tage dauerte. Selbstverständlich wurden hierbei von den Tausenden Gästen Riesenmengen Nahrungsmittel verzehrt, für deren Nachschub, wie die Bibel

berichtet, die in der Nähe lebenden Stämme verantwortlich waren. Sie brachten die Lebensmittel auf Eseln, Kamelen, Maultieren und Rindern herbei: Brot, Kuchen mit Feigen und Rosinen, Wein, Öl, dazu viele Rinder und Schafe zum Schlachten.

Jeder, der an der Feier teilnahm, fühlte sich geehrt, und überall in Israel herrschte Freude. Unvorstellbar glanzvoll fing somit die Regierung Davids an.

Unter der Menge befanden sich auch einige seiner zuver= lässigsten Freunde, die treu zu ihm gehalten hatten, als er in schlimmer Zeit vor Saul hatte fliehen müssen. Jetzt saßen sie beim gemeinsamen Festmahl und erinnerten sich an manches gefahrvolle, aber gut bestandene Abenteuer.

Ganz besonders drei verdienen hervorgehoben zu werden, allgemein bekannt als „die drei Helden". Jischbaal erschlug im Kampf einmal allein dreihundert Feinde. Der Ahohiter Eleasar widerstand Schulter an Schulter mit David in einem Gerstenfeld einer Übermacht der Philister. Obwohl alle übrigen Krieger schon geflohen waren, trotzte er unter Lebensgefahr den Angreifern und wendete so die Schlacht zum Siege.

Als David sich mit seinen Getreuen noch in der Höhle von Adullam versteckte, da gelüstete es ihn einmal nach einem klaren, kühlen Trunk, und so fragte er: „Wer holt mir Trink= wasser aus dem Brunnen am Tor von Bethlehem?" Diese Stadt, die ja seine Heimat war, hielten damals die Philister besetzt. Da brachen die drei Recken in das Lager des Feindes

ein, schöpften Wasser aus dem Brunnen, schlugen sich wieder durch die Reihen der Philister und brachten es ihm. David aber war von ihrer Freundestat und ihrem Mut so über= wältigt, daß er das Wasser nicht zu trinken vermochte. Jetzt erst wurde ihm klar, was für einen törichten Wunsch er ge= äußert hatte. Beschämt goß er es auf die Erde als Trankopfer für den Herrn.

Ein anderer streitbarer Held, der der Krönung beiwohnte, war Benaja. Berühmt wurde er dadurch, daß er die beiden „Gotteslöwen" von Moab, zwei gefürchtete, starke Krieger, im Kampf erschlug. Ferner erwürgte er im Winter einen Löwen, der in eine Zisterne gefallen war. Schließlich besiegte er einen riesenhaften Ägypter, dessen Spieß groß wie ein Weberbaum und sehr schwer war. Er entriß ihm den Speer und tötete ihn mit diesem.

Noch viele andere kühne Männer könnten genannt wer= den, die sich in mancher Schlacht bewährt hatten. Viele waren gute Bogenschützen und geschickte Steinschleuderer, und zwar mit der linken wie mit der rechten Hand. Andere wiederum gingen trefflich mit Schild und Spieß um. Sie tru= gen Löwenmasken und waren schnellfüßig wie Gazellen auf den Bergen. Der Schwächste von ihnen konnte es mit hun= dert, der Stärkste mit tausend Feinden aufnehmen.

Es war somit kein Wunder, daß David mit solchen Helden seine und seines Volkes Feinde besiegt und den Thron von Israel errungen hatte.

Aus Jebus wird Jerusalem

Unmittelbar nach seiner Krönung beschloß David, die Stadt Jebus, deren heidnische Bevölkerung bisher alle Angriffe der Israeliten abgewehrt hatte, zu erobern und zur Residenz seines Reiches zu machen. Er kannte die Gegend sehr genau, denn nicht weit entfernt lag Bethlehem, seine Geburtsstadt. Auf der Flucht vor Saul mag er oft empfunden haben, wie nützlich für ihn und seine Männer eine starke Festung ge= wesen wäre.

Wie lange die Jebusiter im Besitz dieser Stadt waren, ist unbekannt. Sie besaßen sie jedoch schon, als Josua Palästina eroberte. Damals sollte auch Jebus niedergeworfen werden, aber die Israeliten wagten es nicht und nahmen nur das um= liegende Land ein.

Die Jebusiter hatten im Laufe ihrer Geschichte schon viele Feinde abgewehrt. Deshalb fühlten sie sich vollkommen sicher. Auch David und sein Heer würden nichts ausrichten können, davon waren sie überzeugt. Als er sie nun zur Über= gabe aufforderte, verspotteten und verhöhnten sie ihn: „Hier kommst du nicht herein. Mit dir werden allein schon unsere Blinden und Lahmen fertig!"

Aber sie hatten sich gründlich getäuscht. Sie wußten nicht, daß David als Junge in der Gegend umhergestreift war und auch die Stadt und ihre Umgebung so genau durchforscht hatte, daß er mit ihr vollkommen vertraut war. Erst recht

78

ahnten sie nicht, daß er den unterirdischen Kanal kannte, der von der oberen Stadt zur Siloahquelle führte und die einzige schwache Stelle des Verteidigungssystems bildete. Vielleicht hatte David ihn in seiner Jugend selbst einmal als Geheim= gang benutzt.

Als er nun die Eroberung der Stadt plante, erinnerte er sich dieses Wasserschachtes. „Wer durch ihn hinaufsteigt und die ‚Blinden und Lahmen' besiegt, den will ich zum Heerführer ernennen", versprach er.

Da stieg sein Neffe Joab als erster hinauf. Andere folgten ihm, und so wurde die Festung eingenommen. Ihr Name wurde in Jerusalem umgewandelt. Sie wurde bekannt und berühmt als die „Stadt Davids".

Glücklich und stolz, diese wichtige Festung zu besitzen, ging David unverzüglich daran, Unterkünfte für seine Krie= ger und Gebäude für die Regierung zu errichten. Aus jenen Anfängen entstand die berühmte Stadt Jerusalem, auf die das Volk Israel über tausend Jahre hindurch als auf seine geliebte Landeshauptstadt blickte.

König David nahm an Macht immer mehr zu, denn Jahwe, der Gott Israels, war mit ihm und segnete ihn mit Reichtum und Weisheit. Bald war er weit und breit als gütiger und kluger Herrscher bekannt. Hiram, der König der mächtigen phönizischen Handelsstadt Tyrus, wollte deshalb seine Freundschaft gewinnen. Er sandte ihm nicht nur bestes Zedernholz, sondern auch Zimmerleute und Steinmetzen mit dem Befehl, David einen Palast zu bauen. Das freute David sehr; denn daran erkannte er, daß Gott ihn als König über sein Volk bestätigt hatte.

Nur die Philister, Israels alte Feinde, wollten ihren Haß nicht begraben, fürchteten sie doch, David könnte zu stark werden. Deshalb rückten sie mit riesiger Heeresmacht von der Ebene am Meer hinauf ins Gebirge und bezogen im Tal Rephaim Stellung.

Um zu erfahren, wie er sich verhalten solle, wandte sich David — wie immer — an Gott um Rat. „Soll ich den Kampf mit den Philistern aufnehmen, und wirst du sie in meine Hand geben?" fragte er.

„Wage es!" antwortete Gott. „Ich werde sie in deine Hand geben."

Daraufhin griff David die Feinde an und errang einen großartigen Sieg. Sie flohen in solcher Hast, daß sie sogar ihre Götzenbilder wegwarfen, die David an Ort und Stelle ver=

brennen ließ. Dankbar anerkannte er: „Der Herr hat meine Feinde vor mir durchbrochen, wie Wasserfluten durch= brechen."

So zeichnete sich der junge König durch Mut und Beschei= denheit aus.

Aber die Philister wollten sich mit ihrer Niederlage nicht abfinden. Schon bald drangen sie erneut in Israel ein. Auch diesmal holte sich David Weisung von Gott. Was ihm geraten wurde, war geradezu ein gut durchdachter Kriegsplan: „Du sollst nicht hinter ihnen her hinaufziehen, sondern umgehe sie, damit du ihnen vom Baka=Gehölz her in den Rücken fällst. Sobald du dann in den Wipfeln der Bakabäume das Geräusch von Schritten vernimmst, dann beeile dich! Denn alsdann ist der Herr vor dir her ausgezogen, um das Heer der Philister zu schlagen."

David befolgte alles sehr genau. Er versteckte sich mit einer Auswahl seiner Krieger in dem Wald und wartete auf das Rauschen der Wipfel. Lange Zeit bewegte sich nichts. Dann, ganz plötzlich, war es da! Zuerst ein so leises, zartes Wehen, als käme es von Engelsflügeln, dann immer kräftiger, bis sich schließlich die Wipfel wie von einem gewaltigen Sturm bogen.

Mit Kriegsgebrüll brachen nun Davids Männer aus dem Versteck hervor und griffen die Philister so grimmig an, daß diese sich zu kopfloser Flucht wandten.

Die Bundeslade wird heimgeholt

Eine sehr wichtige Angelegenheit lag David nach seiner Krönung zum König auf dem Herzen. Es handelte sich darum, für eine würdige Überführung und Unterbringung der Bundeslade Gottes zu sorgen. Deshalb beriet er sich ein= gehend mit den Oberen des Volkes.

Infolge der ständigen Kämpfe zwischen den Israeliten und Philistern und infolge des Haders zwischen Saul und David war die heilige Lade nahezu in Vergessenheit geraten. Sie stellte nicht mehr den Mittelpunkt der Anbetung dar, wie es während der Wüstenwanderung gewesen war, obwohl sie die beiden Gesetztafeln mit den Zehn Geboten enthielt, die Gott auf dem Berge Sinai seinem Volk gegeben hatte.

Nachdem vor vielen, vielen Jahren die ungeratenen Söhne des Hohenpriesters Eli — Hophni und Pinhas — die Lade aus dem Heiligtum entfernt hatten, um sie als Wunderwaffe gegen die Philister zu benutzen, war sie eine Beute der Feinde geworden. Aber als sie in deren Land lauter Unglück brachte, hatten die Philister sie auf einem von zwei Kühen gezogenen Wagen nach Israel zurückbringen lassen. Sie kam jedoch nicht ins Heiligtum in Silo, sondern in das Waldstädtchen Kirjath= Jearim, etwa 16 km westlich von Jerusalem. Dort stand sie fast 70 Jahre im Hause Abinadabs.

David war nun der Meinung, sie solle unbedingt in der neuen Hauptstadt würdig und sorgfältig aufgestellt werden.

Deshalb ließ er ein kostbares Zeltheiligtum für sie in Jerusa=
lem aufschlagen.

„Laßt uns die Lade unseres Gottes nach Jerusalem holen",
riet er. „Sie ist ja genannt nach dem Namen des Herrn
Zebaoth, der über den Cherubim thront." Alle Führer Israels
stimmten zu, und auch die große Volksversammlung erklärte,
man solle dies tun.

Da zog David mit 30 000 auserlesenen jungen Männern
nach Kirjath=Jearim zum Hause des Abinadab, der in=
zwischen verstorben war. David hatte, getreu dem Gesetz,
angeordnet, daß nur Leviten die Lade berühren und tragen
durften. Außerdem wurde die gesamte Priesterschaft auf=
geboten. Eine große Menschenmenge erschien, zuletzt der
König.

Ehrerbietig wurde die Lade aus dem Haus getragen und
zum Transport nach Jerusalem auf einen neuen Wagen ge=
stellt. Usa und Achjo, Söhne Abinadabs, hatten die Ehre, ihn
zu lenken. Als sich der Wagen in Bewegung setzte, brandete
ein Beifallssturm ohnegleichen auf. David und alle Israeliten
tanzten vor Gott her und sangen, von Harfen, Zithern, Hand=

pauken, Schellen, Zimbeln und Trompeten begleitet. Der Gesang schwoll gewaltig an und eilte dem riesigen Zug nach der Stadt Davids voraus. Es herrschte eitel Glück und Freude.

Die Lade heimzuholen, schien das Ende aller Nöte Israels und den Anbruch eines neuen Tages zu bedeuten. Da geschah plötzlich etwas Schreckliches. Als der Zug an der Tenne Nachons vorüberkam, glitten die Rinder aus, und der Wagen neigte sich, so daß es aussah, als könnte die Lade herunter= fallen und beschädigt werden. Um dies zu verhüten, griff Usa nach ihr — und sank im gleichen Augenblick tot zu Boden.

Alle, die das sahen, waren entsetzt. Die Kolonne hielt, und schnell sprach sich die schreckliche Nachricht herum. Allmäh= lich verebbte der Gesang, und erschrocken fragten alle, warum dies wohl geschehen sei. Die Antwort lautete: Usa hatte gewußt, daß das Berühren der Lade verboten war, auch in bester Absicht.

David war darüber so bestürzt, daß er ratlos ausrief: „Wie kann da die Lade des Herrn zu mir kommen?" Um weiteres Unheil zu verhüten, ließ er sie in das abseits gelegene Haus des Gathiters Obed=Edom schaffen. Dann zogen alle traurig heim.

In den nächsten drei Monaten segnete der Herr die Familie Obed=Edoms und ihren Besitz so sichtbar, daß es sich schnell im weiten Umkreis herumsprach. Auch David erfuhr es, und so beschloß er, die Lade doch nach Jerusalem zu bringen.

Ehe ein neues feierliches Geleit zusammengestellt wurde, mußten sich sämtliche Teilnehmer, vor allem aber Priester und Leviten, vor Gott heiligen. Ein Unglücksfall wie mit Usa sollte unter allen Umständen verhütet werden. Kaum waren die Träger mit der Lade sechs Schritt gegangen, opferte

David einen Stier und ein fettes Kalb. Danach setzte der Zug sich wieder in Bewegung, und David tanzte begeistert vor der Lade einher. So brachten er und ganz Israel sie mit Jauchzen und Posaunenschall nach Jerusalem. Im Triumph ging es die steile Straße hinauf und durch das Tor hinein in die Stadt, wo die Lade von der Bevölkerung jubelnd empfangen wurde. Allen war feierlich zumute, als die Priester und Leviten im Festschmuck die Lade in das Innere des Zeltheiligtums trugen, wo sie ihren besonderen Platz erhielt.

Dann sang der Chor ein Lied, das David eigens für diesen großen Tag gedichtet und vertont hatte: „Danket dem Herrn, predigt seinen Namen, tut kund unter den Völkern sein Tun! Singet und spielet ihm, redet von allen seinen Wundern! Rühmet seinen heiligen Namen; es freue sich das Herz derer, die den Herrn suchen! — Fraget nach dem Herrn und nach seiner Macht, suchet sein Angesicht allezeit! — Er ist der Herr, unser Gott, er richtet in aller Welt. — Singet dem Herrn, alle Lande, verkündiget täglich sein Heil! Erzählet unter den Heiden seine Herrlichkeit und unter allen Völkern seine Wunder! — Aller Heiden Götter sind Götzen, der Herr aber hat den Himmel gemacht. — Danket dem Herrn, denn er ist freundlich, und seine Güte währet ewiglich. — Gelobt sei der Herr, der Gott Israels, von Ewigkeit zu Ewigkeit!"

Das ganze Volk rief „Amen!" und „Lobe den Herrn!"

So war die Bundeslade endlich heimgekehrt.

Gespräch mit Gott

Jahre waren vergangen. Die Grenzen des Reiches waren gesichert, und nach langer Zeit herrschte Ruhe im Lande. David, der ehemalige Hirtenknabe, wohnte nun in einem Palast. Aber er fühlte sich darin nicht recht wohl, wußte er doch, daß alles Gute Gott ihm geschenkt hatte, ohne daß er es ihm recht gedankt hatte. Eines Tages sprach er zu dem Propheten Nathan: „Bedenke, ich wohne in einem Zedern= palast, während die Lade Gottes hinter Zelttüchern steht." Seiner Meinung nach gebührte Gott, der mehr als ein König war, ein weit prächtigeres Haus als ihm.

Gleich in der nächsten Nacht befahl Gott dem Propheten, David zu sagen: „Nicht du sollst mir ein Haus bauen zur Wohnung. Denn ich habe in keinem Haus gewohnt, seit ich die Israeliten aus Ägypten hergeführt habe. Habe ich etwa jemals gefordert, mir ein Zedernhaus zu bauen? Ich habe dich von der Weide hinter den Schafen weggenommen, damit du ein Fürst über mein Volk Israel sein sollst, und ich bin mit dir gewesen, wo du auch hingegangen bist, und habe alle deine Feinde vor dir ausgerottet und dir einen großen Namen ge= schaffen, wie ihn nur die Größten auf Erden haben. Wenn aber deine Tage um sind und du dich zu deinen Vätern schlafen legst, will ich deinen leiblichen Sohn zu deinem Nachfolger erheben und ihm sein Königtum bestätigen. Der soll dann meinem Namen ein Haus bauen, und ich will seinen

Königsthron feststellen für immer. Dein Haus und dein Königtum sollen für immer Bestand vor mir haben: dein Thron soll feststehen für immer."

David war durch diese Worte Gottes, die ihm Nathan über= mittelte, tief bewegt. Er begab sich in das Gotteszelt, wo auch die Bundeslade stand, warf sich demütig vor dem Herrn nieder und dankte ihm für alle Freundlichkeit. Sein Gebet, das er anschließend niederschrieb, gehört zu den schönsten in der Bibel:

„Wer bin ich, Herr mein Gott, und was ist mein Haus, daß du mich bis hierher gebracht hast? Jetzt hast du auch noch in bezug auf das Haus deines Knechtes Verheißungen für ferne Zeiten gegeben. Was soll David da noch mehr reden mit dir? Du selbst kennst ja deinen Knecht, Herr mein Gott. Darum bist du groß, Herr mein Gott; ja niemand ist dir gleich, und es gibt keinen Gott außer dir nach allem, was wir mit unsern Ohren vernommen haben . . .

Und nun, Herr mein Gott: mache die Verheißung, die du deinem Knecht und seinem Hause gegeben hast, für alle Zeiten wahr und verfahre so, wie du zugesagt hast! Dann

wird dein Name für immer groß sein, und man wird sagen: Der Herr der Heerscharen ist der Gott für Israel, und das Haus deines Knechtes David wird Bestand vor dir haben ... Nun denn, Herr mein Gott: du bist Gott, und deine Worte sind Wahrheit! Nachdem du deinem Knecht diese herrliche Zusage gemacht hast, so möge es dir nun auch gefallen, das Haus deines Knechtes zu segnen, damit es immerdar vor dir bestehe! denn du selbst, Herr mein Gott, hast es verheißen. So wird denn das Haus deines Knechtes durch deinen Segen auf ewig gesegnet sein!"

So saß David vor Gott und sprach wie mit einem Freund zu ihm. Auf welch wunderbare Weise die Verheißung in ferner Zukunft durch Jesus Christus die herrlichste Erfüllung finden würde, konnte er freilich nicht ahnen. Auf jeden Fall aber vertraute er darauf, daß der Herr ihn und seine Nach= kommen recht führen werde.

Auch du und ich können — wie David — mit Gott ver= kehren. Wir brauchen nur zu ihm zu gehen und ihm alles zu sagen, was wir auf dem Herzen haben. David liebte ihn und nahte sich ihm ehrerbietig und demütig. Wenn wir uns ebenso verhalten, wird Gott auch uns auf all unseren Wegen behüten. Denn das, was er David versprach, hat Gott durch seinen Sohn Jesus Christus auf alle ausgedehnt, die ihn lieben.

Die Güte Gottes

David war stets darauf bedacht, anderen Gutes zu er=
weisen. Vielleicht war dies einer der Gründe dafür, daß Gott
ihn „einen Mann nach seinem Herzen" nannte. Als David
eines Tages wieder einmal über all das nachdachte, was er
schon erlebt hatte, fiel ihm sein geliebter Freund Jonathan
ein. Wäre er nicht in der Philisterschlacht gefallen, könnten
sie beide jetzt herrlich und in Freuden miteinander leben.
Plötzlich kam dem König der Gedanke, ob irgendein Nach=
komme Sauls noch am Leben sei, dem er um Jonathans
willen Freundlichkeiten erweisen könnte. Als er mit Freun=
den darüber sprach, erfuhr er, daß ihm ein früherer Diener
Sauls namens Ziba Auskunft geben könnte. Dieser Mann
hatte fünfzehn Söhne und zwanzig Knechte, und einer von
diesen würde sicherlich einen noch lebenden Nachkommen
Sauls kennen.

Also ließ David den alten Ziba kommen und fragte ihn, ob
er wirklich ein Diener Sauls gewesen wäre.

„Du sagst es, mein Herr", erwiderte Ziba und verneigte
sich tief.

„Lebt niemand mehr von Sauls Familie, daß ich ihm Gottes
Barmherzigkeit erweisen könnte?" wollte der König von dem
alten Mann wissen.

„Doch, es lebt noch ein Sohn Jonathans, der an den Füßen
lahm ist", lautete die Antwort.

Ausgerechnet ein Sohn Jonathans, das war ja kaum faßbar! Ungeduldig forschte David weiter: „Wo befindet er sich denn?"

„Er lebt im Hause Machirs, des Sohnes Ammiëls, in Lo=Dabar."

Unverzüglich sandte David Boten nach Lo=Dabar und ließ Jonathans Sohn Mephiboscheth in seinen Palast holen. Als er ihn erblickte, erfaßte ihn tiefes Mitgefühl mit dem Lah= men, der sich nicht erklären konnte, weshalb ihn der König zu sich kommen ließ. Damals war es keine Seltenheit, daß ein Herrscher alle umbringen ließ, die als Nebenbuhler für sein Königtum auftreten könnten. Deshalb warf sich Mephi= boscheth vor David nieder und huldigte ihm als dem König von Israel.

Doch da vernahm er eine gütige, freundliche Stimme: „Mephiboscheth, fürchte dich nicht! Ich will dir um deines Vaters Jonathan willen Barmherzigkeit erweisen und dir den ganzen Grundbesitz deines Großvaters Saul zurückgeben. Du aber sollst allezeit an meinem Tisch speisen."

Mephiboscheth glaubte seinen Ohren nicht trauen zu kön= nen. Er verneigte sich tief und stammelte: „Was ist dein Knecht, daß du deine Gnade einem toten Hunde zuwendest, wie ich einer bin!"

Doch David winkte ab und wollte wissen, wodurch Mephiboscheth lahm geworden sei. Da erfuhr er, daß dies die Folge eines Unfalles gewesen sei. Als Mephiboscheth nämlich fünf Jahre alt war, traf zu aller Schrecken die Nachricht ein, daß Saul und Jonathan im Kampf mit den Philistern gefallen waren. In ihrer Angst, den Feinden in die Hände zu fallen, griff die Amme das Kind und floh mit ihm. Unterwegs ließ

phiboscheth, der lahme Sohn Jonathans,
t mit großer Furcht vor König David. Doch
vid begrüßte ihn freundlich und nahm ihn
seines gefallenen Freundes Jonathan willen
sein Königshaus auf.

sie es fallen, und es stürzte so unglücklich, daß es sich beide Fußgelenke brach. Seitdem war Mephiboscheth lahm.

Als David dies vernommen hatte, empfand er noch mehr Mitgefühl mit dem unglücklichen Sohne Jonathans und befahl, ihm hinfort jede denkbare Hilfe zukommen zu lassen. Dem alten, treuen Ziba aber befahl er: „Alles, was Saul gehört hat, habe ich dem Sohn deines Herrn gegeben. Be= arbeite ihm in Zukunft seinen Acker, du und deine Söhne und deine Knechte. Bringe ihm die Ernte ein, damit er zu essen hat. Er wird übrigens von nun an regelmäßig an meinem Tische speisen."

Ziba antwortete: „Ganz so, wie mein Herr und König be= fiehlt, werde ich es ausrichten." Auch um seiner selbst willen war der alte Diener froh über diesen Auftrag, sicherte er doch die Zukunft seiner großen Familie; denn die Verwaltung der Besitztümer Sauls war eine lohnende Aufgabe und bot ge= nügend Arbeit und Brot für die fünfzehn Söhne und zwanzig Knechte.

Mephiboscheth wußte nicht, wie ihm geschah. Überglück= lich nahm er des Königs Angebot an. Nun brauchte er nicht mehr in dem einsamen Ort Lo=Dabar zu leben, sondern konnte in Jerusalem am Hofe des Herrschers sein und die Ehren eines Prinzen, der er eigentlich ja auch war, emp= fangen.

Das tat David aus Liebe und Treue zu seinem toten Freund Jonathan, den er nicht vergessen konnte und war darin ein Abbild Gottes, dessen Liebe und Güte unvorstellbar groß ist.

„Nur Mut!"

Nicht alle guten Taten Davids wurden richtig verstanden. Das zeigte sich auch, als er erfuhr, daß Nahasch, der König der Ammoniter, gestorben war und dessen Sohn Hanun ihm in der Regierung nachfolgte. Sogleich ließ er durch Gesandte dem neuen König sein Beileid übermitteln — aus Dankbar= keit für die Hilfe, die Nahasch ihm gewährt hatte, als er sich vor Saul verbergen mußte.

Doch die Fürsten der Ammoniter waren mißtrauisch und sagten zu Hanun: „Glaubst du etwa, daß David Beileids= gesandte geschickt hat, bloß um deinen Vater zu ehren? Ganz gewiß nicht, er will durch sie offenbar deine Hauptstadt er= forschen, um herauszufinden, wie er sie am besten zerstören könne."

Freilich, in diesem Falle war Argwohn unberechtigt, aber die Fürsten konnten tatsächlich kaum begreifen, daß ein fremder König aus Dankbarkeit aufrichtig Anteil an dem Tode ihres Herrn nahm.

In seiner Unerfahrenheit befolgte der junge König Hanun den Rat seiner Oberen, die Gesandten Davids wie Feinde zu behandeln. Er ließ ihnen die Bärte halb abscheren und die Gewänder bis unter den Gürtel abschneiden. So schickte er sie nach Israel zurück.

Das war ein furchtbarer Schimpf, nicht nur für diese Män= ner, sondern auch für den König des Volkes Israel. Als man

es David meldete, ließ er den heimkehrenden Gesandten den Befehl überbringen: „Bleibt in Jericho, bis euch der Bart wieder gewachsen ist; dann kommt nach Hause!"

Durch Kundschafter erfuhr Hanun, daß David nicht gewillt war, diese Beleidigung hinzunehmen. Deshalb warb er für 1000 Zentner Silber (= 9 Millionen Mark) 32 000 Krieger mit Streitwagen in Mesopotamien und unter den Aramäern von Maacha und Zoba. Die kamen und vereinigten sich mit der Streitmacht der Ammoniter.

Sobald David Kunde davon erhielt, ließ er Joab mit dem Heer und der königlichen Leibwache ausrücken. Joab, ein kriegserfahrener Feldherr, erkannte sofort, wie die feindlichen Heere aufmarschiert waren und was sie beabsichtigten: nämlich ihn zugleich von vorn und hinten anzugreifen. Daraufhin wählte er sich geübte Krieger aus und stellte sich mit ihnen den Aramäern gegenüber auf. Das Gros des Heeres sollte sein Bruder Abisai gegen die Ammoniter anführen. Mit ihm kam er überein: „Sollten mir die Aramäer überlegen sein, so komm mir zu Hilfe. Umgekehrt werde ich dir zu Hilfe eilen, wenn sich die Ammoniter dir als überlegen erweisen."

Allen Kriegern rief Joab zu: „Nur Mut! wir wollen tapfer kämpfen für unser Volk und für die Städte unseres Gottes! Der Herr aber möge tun, was ihm wohlgefällt!"

94

Der Kampf entbrannte sofort in voller Stärke. Joab stürmte mit seiner Mannschaft mit solcher Wucht gegen die Aramäer, daß diese die Flucht ergriffen. Als die Ammoniter dies sahen, war es auch mit ihrem Kampfeswillen aus. Sie flohen vor Abisai und verschanzten sich in aller Eile in ihren Städten.

Aber kaum waren Joab und Abisai wieder in Jerusalem, da traf die Kunde ein, daß der Aramäerkönig Hadad=Eser nun auch seine Krieger von der anderen Seite des Euphrat mobilisiert und seinen Feldhauptmann Schobach mit vielen Hilfstruppen und Kriegswagen angefordert habe. Da blieb David nichts anderes übrig, als erneut den Kampf aufzuneh= men. Sofort zog er mit sämtlichen Kriegern Israels über den Jordan, wo sich ihm die Aramäer mit ihren Hilfstruppen ent= gegenstellten. Aber auch dieses Mal wurden sie von dem Heer Israels verlustreich geschlagen. Die meisten Kriegs= wagen wurden mit ihren Besatzungen vernichtet, außerdem fielen etwa 40 000 Aramäer, unter ihnen Feldhauptmann Schobach.

Der Schatten einer großen Sünde

Der Krieg mit den Ammonitern hatte leider trotz seines glücklichen Ausganges für David schlimme Folgen, und das kam folgendermaßen:

Gleich im nächsten Frühjahr brach Joab mit der Haupt= macht der Israeliten in das Land der Ammoniter ein, ver= wüstete die Dörfer und Äcker und belagerte die Hauptstadt Rabba. David selbst blieb in Jerusalem bei seiner Familie. Wahrscheinlich war dies das erste Mal, daß er an einem Kampf nicht teilnahm. Und gerade dies war die Ursache da= für, daß ein Schatten auf diesen Mann fiel, der allgemein beliebt beim Volke war und in dem Ruf stand, gütig und edel und ein Kämpfer für Recht und Wahrheit zu sein. Es war beruhigend, einen König zu haben, den der Gott des Himmels seinen Freund nannte. Die Bevölkerung fand es großartig, daß David den Glauben der Väter neu belebt und dem Gesetz Gottes wieder Achtung verschafft hatte. Was für ein Triumph war doch die Heimholung der Bundeslade ge= wesen!

Jedermann wußte, daß Gott diesen Mann reich gesegnet und in vielen Nöten und Gefahren bewahrt hatte. Aus dem Hirten war ein mächtiger König geworden, der keinen Mangel mehr zu leiden brauchte, sondern alles in Hülle und Fülle besaß: Häuser und Äcker, Gold und Silber sowie eine große Familie.

Davids Herrschaftsbereich erstreckte sich im Norden über Damaskus und Zoba hinaus bis an den Euphrat. Mit dem hethitischen Hamath am Orontos hatte er einen Bündnis= vertrag geschlossen. Die Moabiter im Osten waren ihm tributpflichtig, und im Süden und Südosten dehnte sich sein Reich durch die Unterwerfung der Moabiter, Edomiter und Amalekiter bis nach Ezjon=Geber am Golf von Akaba und an den „Bach Ägyptens" aus, dem heutigen Wadi el 'arisch, einem Trockenfluß, der nur nach starken Regenfällen Wasser führt.

Der damaligen Sitte entsprechend besaß David mehrere Frauen und natürlich auch viele Kinder, die samt und sonders in seinem Palast lebten. Mitunter mag das etwas schwierig gewesen sein. Immerhin, man sollte meinen, der König hätte mit seinem Leben zufrieden sein können. Weit gefehlt!

Eines Tages, als das Heer Israels noch Rabba belagerte, erblickte David von seinem Palast aus die schöne Frau des Hethiters Uria, eines ehrlichen, tapferen Kriegers. Er ver= liebte sich sofort in sie und hatte nur den einen Gedanken, sie unbedingt zur Frau zu haben. Deshalb schrieb er Joab, dieser Uria sei dort einzusetzen, wo am heftigsten gekämpft wurde.

Was für eine traurige und schändliche Geschichte! David betrog nicht nur den treuen Krieger um seine Frau, sondern veranlaßte sogar seinen Tod. Joab führte den königlichen Befehl aus. Was er sich dabei dachte, wissen wir nicht. Der

hinterhältige Plan brachte das gewünschte Ergebnis, denn Uria fiel vor den Mauern der Ammoniterstadt Rabba.

Als David die Kunde überbracht wurde, sagte er lediglich: „Das Schwert frißt bald diesen, bald jenen! Laß dir das nicht leid sein." Urias Frau, Bathseba, hielt die gebotene Toten= klage um ihren Ehemann, den auch sie betrogen hatte. Als die dafür vorgesehene Zeit vorüber war, ließ der König sie an seinen Hof holen und nahm sie zur Frau. Er meinte, nie= mand habe etwas von seiner Intrige gemerkt, und somit sei alles in Ordnung.

Doch er hatte sich geirrt, denn Einer war genau im Bilde. Nicht umsonst heißt es in der Bibel: „Die Tat, die David ver= übt hatte, erregte das Mißfallen des Herrn."

Schon bald spürte der König dies, denn er vermochte sich seines „Erfolges" nicht zu freuen. Er, der immer für die Heiligkeit der Zehn Gebote eingetreten war, hatte nun selbst sie mißachtet und außer Kraft gesetzt. Hatte er damit nicht seinem Volk ein schlechtes Beispiel gegeben, falls heraus= käme, was er getan hatte? Und wie würden erst die Feinde Gottes und Israels spotten und lästern!

So warf die Blutschuld an Uria einen Schatten auf David, seine Familie, Jerusalem und ganz Israel.

Davids Reue

Nach außen tat David so, als habe er nichts Unrechtes getan. Sich selbst versuchte er einzureden, Uria sei lediglich im Kampf gefallen, und mit diesem Schicksal müsse eben jeder Krieger rechnen. Daß er sich der trauernden, un= versorgten Witwe des Toten annahm und sie heiratete, schien eher für seinen Edelmut zu sprechen. Die wirklichen Zusam= menhänge kannte niemand, und falls Joab Verdacht geschöpft haben sollte, fehlten ihm Beweise. Aber das Gewissen ließ David nicht zur Ruhe kommen, weder bei Tag noch bei Nacht.

Eines Tages bat der Prophet Nathan den König um eine Audienz und berichtete bei dieser Gelegenheit: „Zwei Män= ner lebten in einer Stadt, der eine war reich, der andere arm. Der Reiche besaß sehr viele Schafe und Rinder, während dem Armen nur ein einziges Lämmchen gehörte, das er sich ge= kauft und zugleich mit seinen Kindern aufgezogen hatte. Als nun der Reiche Besuch bekam, brachte er's nicht über sich, eines seiner vielen Tiere schlachten zu lassen, sondern er nahm dem armen Mann das einzige Schaf gewaltsam fort und richtete es seinem Gast zum Mahl zu."

Sofort empörte sich Davids Gerechtigkeitssinn, und zornig rief er aus: „So wahr der Herr lebt, der Mann, der das getan hat, verdient den Tod! Außerdem soll er das Lamm vierfach erstatten zur Strafe dafür, daß er kein Mitleid bewiesen hat!"

Doch wie erschrak der König, der soeben so gnadenlos gerichtet hatte, als der Prophet ihm die Anklage entgegen=schleuderte: „Du, der König von Israel, bist dieser Mann! So spricht Gott der Herr: ‚Ich habe dich zum König über Israel gesalbt und aus Sauls Händen errettet; ich habe dir das Haus deines Herrn mit seinen Frauen überlassen und dir die Herr=schaft über Israel und Juda anvertraut. Wenn das zu wenig ist, kann ich noch mehr für dich tun. Doch warum hast du dich über das Gebot des Herrn hinweggesetzt und etwas getan, was mir mißfällt? Du hast Uria mit dem Schwert erschlagen lassen, um sein Weib für dich haben zu können.'"

David starrte Nathan entsetzt an, der mit harter Stimme fortfuhr: „So spricht der Herr: ‚Ich will Unheil über dich aus deinem eigenen Hause hervorgehen lassen und will dir deine Frauen vor deinen Augen wegnehmen und sie einem andern geben. Du hast im geheimen gehandelt, ich aber will diese Drohung vor den Augen von ganz Israel in aller Öffentlich=keit geschehen lassen!'"

Niedergeschmettert bekannte David: „Ich habe gegen den Herrn gesündigt!" Plötzlich wurde ihm bewußt, wie scheuß=lich er sich an Gott und Menschen versündigt hatte, und er bereute es zutiefst. Davon zeugt der 51. Psalm: „Gott, sei mir gnädig nach deiner Güte, und tilge meine Sünden nach deiner großen Barmherzigkeit. Wasche mich rein von meiner Missetat, ja reinige mich von meiner Sünde; denn ich erkenne meine Missetat, und meine Sünde ist immer vor mir. An dir allein habe ich gesündigt und übel vor dir getan . . .

Entsündige mich mit Ysop, daß ich rein werde; wasche mich, daß ich schneeweiß werde. Laß mich hören Freude und Wonne, daß die Gebeine fröhlich werden, die du zerschlagen

hast. Verbirg dein Antlitz vor meinen Sünden, und tilge alle meine Missetat. Schaffe in mir, Gott, ein reines Herz, und gib mir einen neuen, beständigen Geist. Verwirf mich nicht von deinem Angesicht, und nimm deinen heiligen Geist nicht von mir. Erfreue mich wieder mit deiner Hilfe, und mit einem willigen Geist rüste mich aus. Ich will die Übertreter deine Wege lehren, daß sich die Sünder zu dir bekehren . . . Herr, tu meine Lippen auf, daß mein Mund deinen Ruhm ver=
kündige . . . Die Opfer, die Gott gefallen, sind ein geängste=
ter Geist; ein geängstetes, zerschlagenes Herz wirst du, Gott, nicht verachten."

Als Nathan das Schuldbekenntnis des Königs vernahm, sprach er gütig: „So hat auch der Herr deine Sünde weg=
genommen. Du wirst nicht sterben. Aber weil du die Feinde des Herrn zum Lästern gebracht hast, wird der Sohn, der dir von Bathseba geboren ist, sterben."

Wie nachsichtig und vergebungsbereit ist Gott doch denen gegenüber, die ihre Fehler und Sünden bereuen! Das gilt auch uns. Wie schlimm Unrecht immer sein mag, Gott bringt alles wieder in Ordnung, wenn uns unsere Fehler aufrichtig leid tun. „Wenn wir aber unsre Sünden bekennen, so ist er treu und gerecht, daß er uns die Sünden vergibt und reinigt uns von aller Untugend." (1. Johannes 1, 9.)

Zwar wurde David die Schuld vergeben, jedoch die Folgen mußten er, seine Familie und sogar sein Reich ertragen. Für ihn selbst bedeutete dieses Ereignis den Wendepunkt in seinem Leben. Bisher hatte er immer an Stärke und Macht zugenommen, von nun an aber trat das Gegenteil ein: fast zusehends verlor er an königlicher Kraft und an Ansehen bei seinem Volk und in seiner Familie. Darunter litt leider die Erziehung seiner Kinder so erheblich, daß sich manche von ihnen schlechte Vorbilder wählten.

Hier werden die Folgen jeder Sünde offenbar: sie schwächt, trennt und zerstört, obwohl sie zuerst wie Stärke aussieht, und sie raubt letzten Endes die Lebensfreude. Es ist nun ein= mal so, ein Vogel mit gebrochenen Schwingen ist unfähig zum Höhenflug.

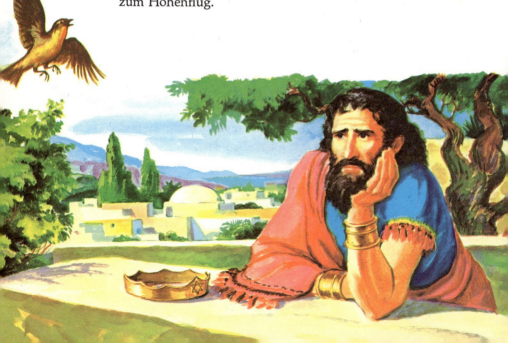

Ein mißratener Sohn

David hatte viele Söhne, aber einer von ihnen fiel durch sein gutes Aussehen und sein gewinnendes Wesen auf, und die Bibel berichtet von ihm: „Es war in ganz Israel kein Mann so schön wie Absalom, und er hatte dieses Lob von allen; von der Fußsohle bis zum Scheitel war nicht ein Fehl an ihm."

Aber seine Schönheit war nur äußerlich. Verborgen in seinem Herzen wohnten Stolz, Neid, Haß und manche andere schlimme Eigenschaft.

Einmal lud er alle seine Brüder ein, das Fest der Schafschur mit ihm zu feiern. Alle kamen, aber nicht alle kehrten nach Jerusalem zurück. Zwei fehlten: Amnon, der älteste Sohn und Liebling des Königs. Absalom hatte ihn ermorden lassen und war selbst aus Furcht vor seinem Vater geflohen. Drei Jahre durfte er sich zu Hause nicht sehen lassen, sondern mußte sich verborgen halten.

Der treue Joab merkte jedoch, wie David, dessen Herz an Absalom hing, darunter litt, und er wandte eine List an, um Gnade für ihn zu erwirken. Sie gelang, und Absalom durfte heimkehren, aber zwei Jahre lang ließ der König ihn nicht zu sich.

Eigentlich hätte Joab ein Wort des Dankes erwarten kön= nen, aber Absalom dachte nicht daran, im Gegenteil, er ließ Joabs Gerstenfeld anzünden aus Ärger darüber, daß der nicht sofort zu ihm eilte, als er ihn zu sprechen wünschte.

Trotzdem setzte sich Joab weiterhin beim König für Absa=
lom ein, so daß es endlich — fünf Jahre nach dem ruchlosen
Mord — zur Aussöhnung kam. Absalom warf sich vor seinem
Vater auf die Erde, der aber streckte seine Hand aus, hob ihn
auf und küßte ihn.

Erwies sich Absalom nun wenigstens dankbar dafür, daß
sein Leben verschont wurde? Keineswegs, insgeheim be=
reitete er vielmehr einen Aufstand vor, der ihn an die Macht
bringen sollte.

Zuerst schaffte er sich einen prunkvollen Wagen mit Rossen
an, dann stellte er für sich eine Leibwache von fünfzig
Mann auf, damit jeder erkennen sollte, was für eine bedeu=
tende Persönlichkeit er wäre. Täglich zeigte er sich dem Volk,
hielt sich lange beim Haupttor auf und sprach mit gewinnen=
der Freundlichkeit mit den Ein= und Ausreisenden, die ihm
wichtig zu sein schienen. Kam jemand, um den König um
Rechtsprechung zu bitten, pflegte Absalom in bedauerndem
Tone zu sagen: „Deine Sache ist gut und recht, aber beim
König ist niemand, der dir Gehör schenkt." Meist fügte er
noch hinzu: „Wenn man mich doch zum Richter im Lande
bestellte, so daß jeder zu mir käme, der eine Streitsache oder
einen Gerichtshandel hat! Ich wollte ihm schon zu seinem
Recht verhelfen."

Auf alle mögliche Weise versuchte der junge Prinz, beim
Volk die Meinung zu erwecken, daß er mehr als sein Vater
zum König tauge. Sobald sich jemand vor ihm verneigte, um
ihm zu huldigen, zog er ihn an sich heran und umarmte und
küßte ihn. Kein Wunder, daß er bald allgemein geachtet
wurde und man ihn für einen freundlichen, liebenswürdigen
jungen Fürsten hielt. So stahl er sich die Herzen der Israeliten.

Als er meinte, genug Freunde für sich gewonnen zu haben, reiste er mit Genehmigung seines Vaters in die Krönungs= stadt Hebron. Gleichzeitig sandte er Geheimboten durch ganz Israel, die überall verkündeten: „Wenn ihr den Schall der Posaune hört, so ruft: Absalom ist in Hebron König ge= worden!"

Auf so gemeine, hinterhältige Weise ging er gegen seinen Vater vor. Und tatsächlich, die Verschwörung griff um sich, und immer mehr Leute schlossen sich Absalom an.

Die genaue Zahl derer, die sich auf seine Seite stellten, ist unbekannt, viele mögen auch ahnungslos mit ihm nach Hebron gezogen sein, wo sie von dem Verrat überrascht wurden. Als David davon erfuhr, befahl er seiner gesamten Diener= schaft: „Auf! Laßt uns fliehen! Sonst gibt es für uns keine Rettung vor Absalom. Wir müssen uns beeilen, denn wenn er uns zuvorkommt, bringt er Unheil über uns und richtet ein Blutbad in der Stadt an!"

Durch diese Maßnahme wollte David verhindern, daß seine geliebte Stadt Jerusalem zu einem Kampfplatz würde. Schweren Herzens entschloß er sich, sie zu verlassen. Nur zehn Frauen ließ er zurück. Sie sollten seinen Palast in Ord= nung halten.

Für den König, den ganzen Hof sowie für die Bevölkerung war dies ein trauriger Tag. David erlebte aber auch die Treue vieler seiner Krieger und der Priester Zadok und Abjathar, die ihn am liebsten mit der Bundeslade begleitet hätten. Doch das ließ er nicht zu. Barfuß erstieg er den Ölberg. Er und alle die vielen, die ihn begleiteten, verhüllten dabei ihr Haupt und weinten.

So befand sich David wieder einmal auf der Flucht, diesmal jedoch vor seinem eigenen Sohn.

Zwei junge Männer in einer Zisterne

In der größten Not lernte David seine echten Freunde ken=
nen. Als viele Einwohner Jerusalems in treuer Anhänglichkeit
durch die Tore der Stadt flüchteten, sah der König auf einmal
die Priester Abjathar und Zadok, die die Bundeslade mit sich
führten, um sie vor Absalom in Sicherheit zu bringen. Auch
ihre Söhne Jonathan und Ahimaaz waren bei ihnen. Am
Stadttor vor dem König setzten sie die Lade nieder und
brachten Opfer dar, bis alle Flüchtlinge vorüber waren. Doch
dann befahl David ihnen: „Bringt die Lade in die Stadt zu=
rück. Finde ich Gnade vor dem Herrn, so wird er mich zurück=
führen und mich die Lade und sein Heiligtum wiedersehen
lassen. Will er es aber nicht tun, nun, er handle mit mir, wie
es ihm wohlgefällt." Daraufhin wandte sich der König ab und
nahm seinen Weg in die Wüste.

Schon bald rückte Absalom mit seinen Anhängern in
Jerusalem ein, nahm den Palast seines Vaters in Besitz und
tat so, als gehöre alles ihm. Leider hatte sich Ahithophel, der
einflußreichste Ratgeber des Königs, auf die Seite des Ver=
räters geschlagen. Er empfahl, David sofort mit 12 000 aus=
gewählten Kriegern nachzusetzen, um ihn zu vernichten.
Doch da zeigte sich, daß David in Huschai, dem Arkiter,
einen wahrhaft treuen Freund hatte, der extra in Jerusalem
geblieben war, um ihm Zeit für die Flucht zu verschaffen.
Offen widersprach Huschai dem Verräter Ahithophel und

empfahl Absalom, dem König erst nachzujagen, wenn er alle kampffähigen Männer Israels zusammengerufen habe. Tat=sächlich wurde dieser Rat befolgt.

Hierauf setzte Huschai sich mit den Priestern Zadok und Abjathar in Verbindung und bat sie, David die Nachricht zu=kommen zu lassen, daß er ausreichend Zeit für die Flucht über den Jordan habe.

Jonathan und Ahimaaz, die beiden Söhne der Priester, hielten sich in einem Dorf außerhalb Jerusalems auf, von wo aus sie Nachrichten zu David brachten. Dorthin sandten Zadok und Abjathar — wie sie es schon öfter getan hatten — eine junge Magd mit ihrer Botschaft. Doch diesmal hatte ein junger Mann sie beobachtet, der seinen Verdacht sofort Absa=lom mitteilte.

Aber Jonathan und Ahimaaz hatten gemerkt, daß sie be=lauscht worden waren, und eilten zu einem befreundeten Bauern, der sie in der Zisterne seines Hofes versteckte. Schnell breitete seine Frau eine Decke über den Brunnen aus und schüttete Gerstenkörner auf sie.

Kaum war sie fertig, da trafen auch schon die Häscher ein und forschten nach den beiden jungen Männern. Da sie sie nicht sahen, vermuteten sie, die zwei seien unterwegs zum Jordan. Sie selbst kehrten nach Jerusalem zurück.

Nun stiegen Jonathan und Ahimaaz aus der Zisterne und eilten zu David, dem sie ausführlich Bericht erstatteten. Noch in der Nacht setzte er mit allen, die bei ihm waren, über den Jordan, und als der Morgen graute, waren ausnahmslos alle in Sicherheit.

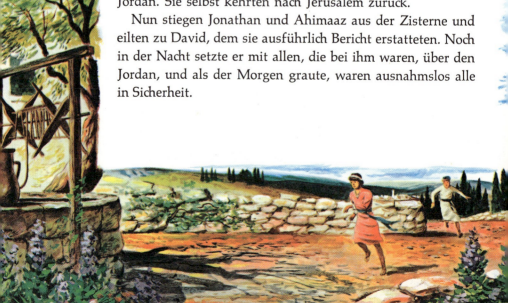

In einer Eiche gefangen

Im Ostjordanland sprach es sich schnell herum, daß König David gekommen war. Als er nun mit allen, die mit ihm zo= gen, die Stadt Mahanajim erreichte, stellte sich heraus, daß die Einwohner mit ihren Obersten ihm treu ergeben waren. Sie versorgten die Flüchtlinge mit Betten, Decken, irdenem Ge= schirr, Weizen, Gerste, Mehl, geröstetem Korn, Bohnen, Linsen, Honig, Butter, Kleinvieh und Kuhkäse, denn sie meinten: „Die Leute sind in der Steppe sicherlich hungrig, müde und durstig geworden."

So erquickt, musterte David das Kriegsvolk, das bei ihm war, setzte neue Offiziere ein und teilte das Heer in drei Armeen ein. Die eine unterstellte er seinem bewährten Feld= hauptmann Joab, die zweite dessen Bruder Abisai und die dritte Ittai, einem zuverlässigen Mann aus Gath. Er selbst behielt sich den Oberbefehl vor und blieb auf Anraten seiner Generäle mit einer Reserve an Kriegern in Mahanajim. In bester Ordnung und zuversichtlich marschierten dann die Krieger zum Stadttor hinaus. Dort verabschiedete sie der Kö= nig und schärfte ihnen ein: „Verfahrt mir schonend mit mei= nem Sohn Absalom!" Denn trotz allem liebte er ihn.

Diesmal wäre es ihm sicherlich nicht leicht gewesen, in die Schlacht zu ziehen; deshalb befolgte er gern den Rat: „Du bist wie zehntausend von uns. Außerdem ist es besser, wenn du uns notfalls von der Stadt aus helfen kannst." —

Absalom hatte mit einem großen Aufgebot an Kriegern den Jordan überschritten. Schon bald stießen die beiden Heere im Walde Ephraim aufeinander. Von Anfang an waren die Krieger Davids den andern überlegen. Absaloms Heer wurde auseinandergesprengt und erlitt überaus hohe Verluste. Der Rest suchte sein Heil in der Flucht.

Absalom wollte auf einem Maultier entkommen, doch dabei widerfuhr ihm ein eigenartiges Geschick. Als er im Wald von Ephraim unter die dichten und verschlungenen Zweige einer Eiche geriet, blieb er mit seinem dicken, langen Haar an einem Ast hängen und schwebte hilflos zwischen Himmel und Erde; denn sein Maultier war unter ihm weggelaufen.

Ein Krieger Davids sah ihn und meldete es Joab. Der war darüber sehr erfreut. Hatte er nicht noch einiges mit diesem jungen Mann abzurechnen? Den Befehl, mit Absalom schonend umzugehen, schob er beiseite und stieß ihm drei Speere in die Brust. Den Leichnam ließ er in eine tiefe Grube werfen und einen großen Steinhaufen darüber türmen.

Voller Spannung saß David gerade in der Torhalle, da rief der Wächter von der Mauer herab: „Ich sehe einen einzelnen Mann laufen!"

Der König sprach: „Ist er allein, so bringt er gute Botschaft!"

Doch wenig später rief der Wächter: „Herr, da kommt noch ein Mann allein!"

„Der ist auch ein guter Bote", erwiderte der König, der schon ganz ungeduldig war.

Nun war der erste Läufer so dicht heran, daß der Wächter ihn erkennen konnte, und so rief er: „An seinem Laufen

glaube ich Ahimaaz, den Sohn Zadoks, zu erkennen." Ahi=
maaz war einer der beiden jungen Männer, die sich in der
Zisterne versteckt hatten.

Erfreut antwortete der König: „Der ist ein braver Mann.
Sicherlich bringt er gute Botschaft."

Als Ahimaaz das Tor erreichte, rief er: „Friede! Friede!"
Dann fiel er vor dem König nieder und sagte: „Gelobt sei der
Herr, der die Männer, die sich gegen dich erhoben haben,
dahingegeben hat!"

„Geht es auch meinem Sohn Absalom gut?" fragte David
besorgt.

„Ich sah ein großes Getümmel, weiß aber nicht, was da
geschah", versicherte Ahimaaz. Vielleicht mochte er dem Kö=
nig nicht die Wahrheit sagen. Kaum war er zur Seite getreten,
da traf der zweite Bote, ein Mohr, ein und rief: „Gute Bot=
schaft, mein Herr und König! Der Herr hat dir heute Recht
verschafft gegen alle, die sich gegen dich auflehnten!"

Wiederum fragte David besorgt: „Geht es meinem Sohn
Absalom auch gut?"

Da antwortete der Mohr: „Wie dem jungen Mann, so
möge es den Feinden des Königs, meines Herrn, und allen
ergehen, die sich böswillig gegen dich auflehnen!"

Erschüttert verstand der König, was geschehen war. Ge=
wiß, er hatte mit einem Sieg gerechnet, aber nicht zu einem
so hohen Preis. Während er weinend hinauf in das Ober=
gemach des Torgebäudes ging, klagte er ein über das andere
Mal: „Mein Sohn Absalom! Mein Sohn Absalom! Wollte
Gott, ich wäre für dich gestorben! O Absalom, mein Sohn,
mein Sohn!"

Der Engel mit dem Schwert

David blieb in Mahanajim, bis sich der Aufruhr um Absa=
lom im ganzen Lande gelegt hatte. Dann überquerten er und
seine Getreuen den Jordan in westlicher Richtung und stiegen
endlich wieder die steile Straße nach Jerusalem hinauf. Noch
außerhalb der Stadt trat ihm Mephiboscheth, Jonathans lah=
mer Sohn, entgegen. Erbarmungswürdig sah er aus, völlig
verwahrlost. Er hatte nämlich seit dem Tage, an dem der
König aus Jerusalem floh, seine Füße nicht mehr gereinigt,
seinen Bart nicht gepflegt und seine Kleider nicht gewaschen.
Daß er seinerzeit nicht ebenfalls mit David Jerusalem ver=
lassen hatte, begründete er mit seinem Gebrechen und mit
der Treulosigkeit seines Knechtes.

Schließlich erreichte der königliche Zug den Berg Zion.
Seine Freude darüber, nun wieder daheim zu sein, drückte
David in seinem Danklied aus: „Der Herr ist mein Fels und
meine Burg und mein Erretter. Gott ist mein Hort, auf den
ich traue, mein Schild und Berg meines Heils, mein Schutz
und meine Zuflucht, mein Heiland . . . Ja, Herr, du bist meine
Leuchte; der Herr macht meine Finsternis licht . . .

Denn wer ist Gott, wenn nicht der Herr? Und wer ist ein
Fels, wenn nicht unser Gott? Gott stärkt mich mit Kraft und
weist mir den rechten Weg."

Nachdem die inneren Schwierigkeiten beseitigt waren und
Davids Macht wiederhergestellt war, sann er darüber nach,

reit von Saul und all seinen Feinden, jubelte
vid: „Der Herr ist mein Fels und meine
g und mein Erretter. Gott ist mein Hort,
n Schutz und meine Zuflucht, er ist mein
land."

wie er sein Königtum festigen könnte. Er meinte, er sollte nicht nur wie bisher Gottes Stärke vertrauen, sondern zu= sätzlich eine große, kriegstüchtige Streitmacht aufbauen. Das dafür erforderliche Zahlenmaterial sollte ihm Joab durch eine Volkszählung beschaffen: „Geh hin, zähle Israel und Juda!"

Darüber erschrak sogar Joab, der als Krieger gewohnt war, Befehle auszuführen. Aber offenbar empfand er, daß der Kö= nig im Begriff war, ein Unrecht zu tun. „Der Herr, dein Gott, möge das Volk, so zahlreich es auch schon ist, noch hundert= mal zahlreicher werden lassen. Aber, mein König, sind nicht alle meinem Herrn untertan? Warum fragt denn mein Herr danach? Warum soll eine Schuld auf Israel kommen?"

Doch eigensinnig bestand David darauf, die Zählung vor= zunehmen. Daraufhin führte Joab mit den Stammesfürsten den Befehl aus. Als er schließlich nach Jerusalem zurück= kehrte, berichtete er dem König das Ergebnis: In Israel und Juda gab es insgesamt 1 570 000 Männer, die das Schwert tragen konnten.

Kaum hatte Joab den Palast verlassen, wurde David be= wußt, was er getan hatte, und er betete zu Gott: „Ich habe schwer gesündigt, daß ich das getan habe. Laß doch deinem Knecht seine Verschuldung ungestraft hingehen! denn ich habe in großer Verblendung gehandelt."

Bald danach kam der Prophet Gad zu ihm und nannte ihm den Preis der Verfehlung: „Wähle dir entweder drei Jahre Hungersnot oder drei Monate Flucht vor deinen Wider= sachern oder drei Tage das Schwert des Herrn und die Pest im Lande."

Die Entscheidung fiel David schwer, aber schließlich sagte er: „Ich will in die Hand des Herrn fallen, denn seine Barm=

herzigkeit ist sehr groß; aber ich will nicht in Menschenhände fallen."

So ließ denn der Herr eine schlimme Seuche über ganz Israel kommen, an der 70 000 Menschen starben. Auch nach Jerusalem sandte der Herr einen Gerichtsengel, um dort Verheerungen anzurichten.

Plötzlich erblickte David diesen Engel, der bei der Tenne des Jebusiters Ornan zwischen Himmel und Erde stand und ein gezücktes Schwert in der Hand hielt, das er über Jerusalem ausstreckte. Es war eine solch schreckliche Erscheinung, daß der König und seine hohen Ratgeber, die Trauerkleider an= gelegt hatten, auf ihr Angesicht niederfielen. Inbrünstig flehte David Gott an, die Bewohner Jerusalems zu verschonen, da nur er das Unheil verschuldet habe:

"Bin ich's nicht, der das Volk zählen ließ? Ich bin's doch gewe= sen, der gesündigt und das Übel getan hat. Diese Schafe aber, was haben sie getan? Herr, laß deine Hand gegen mich und meines Va= ters Haus sein und nicht gegen dein Volk zum Sterben!"

Unmittelbar darauf überbrachte der Prophet Gad dem Kö=
nig den Befehl Gottes, zur Tenne des Ornan zu gehen und
dort einen Altar zu errichten.

Gerade in dieser Zeit drosch Ornan mit seinen vier Söhnen
Weizen auf der Tenne. Da erblickten auch sie den Engel mit
dem Schwert und versteckten sich aus Furcht. Als David ein=
traf, trat Ornan ihm zitternd entgegen und sah dessen
kummervolles Gesicht.

David bat: „Gib mir den Platz der Tenne, daß ich dem
Herrn einen Altar darauf baue." Der Jebusiter erwiderte
großzügig: „Nimm ihn dir, und ich gebe dir auch die Rinder
zum Brandopfer und die Dreschschlitten als Brennholz sowie
den Weizen zum Speisopfer."

Aber David wehrte ab: „Für den vollen Preis will ich's
kaufen; denn ich will dir nicht dein Eigentum für den Herrn
wegnehmen und will auch keine geschenkten Brandopfer
darbringen." Sechshundert Goldschekel (etwa 3000 DM) ließ
er an Ornan auszahlen. Dann baute er einen Altar und
brachte Brand= und Speisopfer dar.

Als er nun den Herrn anrief, fiel Feuer vom Himmel und
verzehrte das Opfer als Zeichen dafür, daß Gott es angenom=
men hatte und David vergeben worden war. Damit fand auch
die Seuche ihr Ende. Der Engel mit dem Schwert aber wurde
nicht mehr gesehen.

TEIL III

Der weise König Salomo

Das unterbrochene Gastmahl

David war nun fast siebzig Jahre alt. Geistig war er noch sehr rege, obwohl die Strapazen seines viele Jahre langen aufreibenden Lebens nicht spurlos an ihm vorübergegangen waren. So konnte er seine Krieger nicht mehr — wie früher — in die Schlacht führen. Auch an den beschwerlichen Märschen durch die von ihm geliebten Berge vermochte er nicht mehr teilzunehmen. Immer seltener konnte er das Haus verlassen, und später war er fast immer ans Bett gefesselt.

Aber er hatte noch nicht alles zu seiner Zufriedenheit ge= regelt, und vor allem ein großer Wunsch beseelte sein Herz. Aufrichtig hatte er alle seine Sünden bereut, und jetzt sehnte er sich danach, seinem gnädigen Gott einen letzten großen Dienst zu erweisen: Er wollte ihm einen Tempel bauen, würdig der Anbetung des Herrn und der Aufbewahrung der kostbaren Bundeslade. Gewiß, er würde diesen Plan nicht mehr vollenden können, darüber war er sich klar, aber an= fangen zu bauen, das konnte er immerhin.

Daher befahl er, alle Fremdlinge im Lande, die Nachkom= men der kanaanitischen Völker waren, zusammenzubringen. Er beschäftigte sie als Steinhauer, um die großen Quader= steine für den Tempelbau herzustellen. Dann beschaffte er große Mengen Eisen, aus dem Nägel für Torflügel und Klam= mern geschmiedet werden konnten, ferner so viel Kupfer, daß man es nicht mehr wiegen konnte. Die Sidonier und

ach dem Willen Gottes wurde David auf der
öhe seines Ruhmes zum König über ganz
rael gekrönt. Aus seinem Hause sollte einmal
hristus, der Messias und Erlöser der Mensch=
eit, kommen.

Tyrier lieferten Zedernstämme in großer Zahl. Woche um Woche, Monat um Monat trafen neue Sendungen an Bau= materialien ein, und wenn dem hochbetagten König die Be= richte über die wachsenden Vorräte an Steinen, Hölzern, Kupfer und Eisen vorgelegt wurden, pochte sein Herz vor Freude. Wie sehr er aber auch wünschte, noch lange genug zu leben, um selbst das Gotteshaus bauen zu können, wußte er doch, daß seine Tage gezählt waren. Darum tröstete er sich mit dem Gedanken, daß sein Sohn Salomo das begonnene Werk vollenden würde. „Mein Sohn ist noch jung und un= erfahren, das Haus aber, das dem Herrn errichtet werden soll, muß groß sein, damit es in der ganzen Welt berühmt wird. Darum will ich die erforderlichen Vorbereitungen treffen."

Noch wußte niemand, daß David Salomo zu seinem Nach= folger auf dem Königsthron ausersehen hatte. Seine vielen Söhne sprachen sowieso oft darüber, wem von ihnen nach dem Tode ihres Vaters die Herrschaft zufallen würde. Adonia aber, einer von ihnen, dachte überheblich: „Ich will König werden!" Wie einst Absalom, so verschaffte er sich Wagen, Reiter und eine Leibwache von fünfzig Kriegsknechten.

Er war ein gutaussehender junger Mann, dem sein Vater nie etwas verwehrt hatte. Da er der nach Absalom geborene Sohn war, hielten ihn viele für den natürlichen Nachfolger des Königs, so auch Joab, der Feldhauptmann, und Abjathar, der alte Hohepriester, mit denen er sich oft beriet.

Um möglichst schnell zum Ziel zu kommen, veranstaltete Adonia ein großes Opferfest bei einem Gedenkstein an der Quelle Rogel. Außer Salomo lud er alle seine Brüder sowie alle Judäer ein, die im Dienste des Königs standen. Bei dieser Gelegenheit wollte er sich zum König ausrufen lassen.

Aber David wußte nichts von alledem. Er lag in seinem Schlafgemach und träumte davon, wie herrlich der Tempel werden sollte.

Da riß ihn plötzlich Bathseba, Salomos Mutter, aus seinen Gedanken. Auf seine Frage, was sie wünsche, antwortete sie erregt: „Mein Herr, du hast deiner Magd bei dem Herrn, deinem Gott, geschworen: ‚Dein Sohn Salomo soll König sein nach mir und auf meinem Thron sitzen!' Doch nun ist Adonia König geworden, und du weißt nichts davon. Er hat Rinder, Mastkälber und Schafe geopfert und alle deine Söhne außer Salomo zu diesem Fest eingeladen, außerdem Abjathar und Joab. Nun sind die Augen aller Israeliten auf dich gerichtet, daß du ihnen kundtust, wer auf dem Thron meines Herrn und Königs als Nachfolger sitzen soll. Sonst kann es ge= schehen, daß ich und mein Sohn nach deinem Tode als Ver= schwörer hingestellt werden."

Der alte, meist müde König war sofort hellwach, und seine Augen funkelten. Es sollte nur jemand wagen, seinen Willen zu mißachten! Gerade im richtigen Augenblick erschien der Prophet Nathan, woraufhin Bathseba den Raum verließ.

Was Nathan berichtete, stimmte mit dem überein, was Salomos Mutter gesagt hatte. Zum Schluß fragte er: „Mein Herr und König, du hast wohl selbst angeordnet, daß Adonia König nach dir sein soll? Warum hast du es uns, deine treuen Diener, nicht wissen lassen?"

Ohne zu antworten, befahl David: „Ruft Bathseba wieder herein!" Als sie vor ihm stand, schwur er: „So wahr der Herr lebt, der mich aus aller Not errettet hat: ich will heute tun, wie ich dir geschworen habe bei dem Gott Israels!" Dann ließ er den Priester Zadok, den Propheten Nathan und seinen alten Freund Benaja zu sich kommen. Ihnen befahl er, Salomo zum König von Israel zu salben, ihn dann auf das Maultier des Königs zu setzen und durch Jerusalem hindurch zur Gihonquelle zu geleiten. Beim Schall der Posaune sollten sie rufen: „Es lebe der König Salomo!"

Die drei Freunde Davids taten, was der alte König an= ordnete, und als die Bewohner von Jerusalem den jungen Mann auf dem Maultier des Königs erblickten, jubelten sie ihm zu und riefen: „Es lebe König Salomo!" Die Bibel berichtet: „Das Volk blies mit Flöten und war so fröhlich, daß die Erde von ihrem Geschrei erbebte."

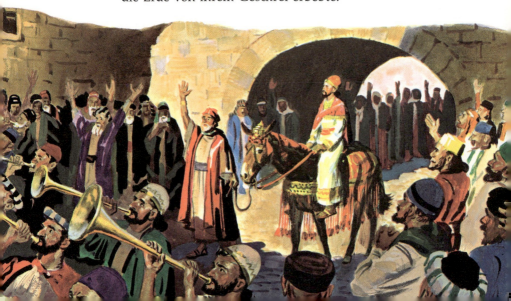

Das hörten Adonia und seine Gäste, die soeben ihr Fest=
mahl beendet hatten und miteinander besprachen, was sie
nun unternehmen sollten. Beunruhigt brachen sie ihr Ge=
spräch ab, und Joab fragte: „Was bedeutet das Geschrei und
der Lärm in der Stadt?"

Die Antwort folgte auf dem Fuße, denn Jonathan, der
Sohn Abjathars, stürzte mit der Nachricht in die Versamm=
lung, daß David zugunsten Salomos abgedankt sei. „Der
Priester Zadok und der Prophet Nathan haben ihn am Gihon
zum König gesalbt und sind von dort jubelnd auf die Burg
hinaufgezogen. Die ganze Stadt ist in froher Aufregung.
Daher rührt auch das Geschrei, das ihr gehört habt. Und schon
sitzt Salomo auf dem Königsthron und nimmt die Huldigun=
gen vieler Würdenträger entgegen."

Plötzlich war allen Gästen die Freude am Fest vergällt.
Eiligst brachen sie auf und schlichen nach Hause, denn sie
fürchteten um ihr Leben, falls man sie mit Adonia zusammen
finden würde.

Davids Abschied von seinem Volk

Als David fühlte, daß sein Ende nahte, hatte er den Wunsch, noch einmal wie in früheren Zeiten alle Führer Israels um sich zu sehen. Deshalb berief er sie zu einer Ver=sammlung nach Jerusalem, und alle kamen, um ihm noch ein=mal zu huldigen: die Stammesfürsten, die hohen Beamten, die im Dienste des Königs standen, die Befehlshaber der Tausendschaften und Hundertschaften des Heeres, die Ver=walter der beweglichen und unbeweglichen Güter des Königs und der Prinzen sowie die Kämmerer, Ritter und sonstige angesehene Männer.

Viele von ihnen waren alte Freunde des Königs, und einige hatten schon zu ihm gehalten, als er vor Saul hatte fliehen müssen. In treuer Freundschaft waren sie miteinander alt geworden. Nun galt es, Abschied zu nehmen. Besorgt waren sie nach Jerusalem geeilt und warteten gespannt der kommenden Dinge. Ihnen war ja bekannt, daß David seit geraumer Zeit bettlägerig war und von Tag zu Tag schwächer wurde. Dies werde wohl die letzte Gelegenheit sein, ihn lebend zu sehen, dachten sie bekümmert. Sorgenvoll traf einer nach dem andern vor dem Palast ein.

Zuletzt wurde der greise König auf einem Sitz heraus=getragen. Wie gut, ihn noch einmal sehen zu können! Und wie traurig, daß der einst so mächtige und behende Mann vor Alter hinfällig geworden war!

Doch ihm selbst schien das gar nichts auszumachen. Wenn es nottat, verfügte er offenbar über geheime Kraftreserven, mit denen er in seinem an Gefahren, Niederlagen und Siegen reichen Leben oftmals Freund und Feind überrascht hatte. Auch jetzt war es so; denn nach ein paar Minuten innerer Sammlung erhob sich der alte David von seinem Sitz, und als er zu sprechen anfing, hatte er die Kraft und Autorität seiner besten Jahre wieder.

„Hört mich an, meine Brüder und mein Volk", so begann er laut und deutlich. „Ich hatte mir vorgenommen, für die Lade mit dem Bundesgesetz des Herrn und für den Schemel der Füße unseres Gottes eine Unterkunftsstätte zu erbauen, und hatte bereits alles dafür vorbereitet. Aber da ließ Gott mir sagen: ‚Du sollst meinem Namen kein Haus bauen; denn du bist ein Kriegsmann und hast Blut vergossen.' Von allen meinen Söhnen — und der Herr hat mir viele Söhne ge=geben — hat er meinen Sohn Salomo erwählt, daß er sitzen soll auf dem Thron des Königtums über Israel. Dabei hat er zu mir gesagt: ‚Dein Sohn Salomo soll mein Haus und meine Vorhöfe bauen; denn ich habe ihn mir erwählt zum Sohn. Ich will sein Vater sein und sein Reich für immer fest gründen, wenn er daran festhält, wie heute nach meinen Geboten und Rechten zu tun.'

Vor den Augen ganz Israels, der Gemeinde des Herrn und vor den Ohren unseres Gottes rufe ich euch zu: Haltet und sucht alle Gebote des Herrn, eures Gottes, damit ihr das gute Land besitzt und es auf eure Kinder nach euch für alle Zeiten vererbt."

Nun wandte sich David seinem Sohne Salomo zu, der neben ihm stand, und sprach zu ihm vor der großen Versammlung: „Und du, mein Sohn Salomo, erkenne den Gott deines Vaters und diene ihm mit ganzem Herzen und mit williger Seele. Denn der Herr erforscht alle Herzen und versteht alles Dichten und Trachten der Gedanken. Wirst du ihn suchen, so wirst du ihn finden. Wirst du ihn aber verlassen, so wird er dich für ewig verwerfen. So sieh nun wohl zu! denn der Herr hat dich dazu ausersehen, ihm ein Haus zum Heiligtum zu erbauen. Mache dich mutig und getrost ans Werk!"

Daraufhin übergab David seinem Sohne das Modell und alle Entwürfe für jeden Teil des großen, prächtigen Gebäudes mit der Vorhalle, den Schatzkammern, den Obergemächern, den inneren Kammern und den Raum des Allerheiligsten, der

für die Sühnung vorgesehen war. Ferner gab er ihm den Plan von allem, was seinem Geiste sonst noch vorgeschwebt hatte. „Über dies alles", so sagte David, „steht in einer Schrift, die von der Hand des Herrn stammt, genau vermerkt, welche Arbeiten zur Ausführung des Bauplanes erforderlich sind."

Die Worte des Königs riefen bei den Anwesenden Ver= wunderung hervor, denn kaum jemand hatte vermutet, daß die Baupläne für den Tempel schon fertig waren und daß Gott selbst den König beraten hatte. Das Modell glich dem Bild der Stiftshütte, das Gott vor Jahrhunderten seinem Knecht Mose auf dem Berg Sinai gezeigt hatte. Der neue Bau sollte allerdings weit prächtiger werden.

In freudiger Erregung richtete David nun erneut sein Wort an die Versammlung und berichtete, welche Bauvorbereitun= gen er bereits getroffen und welche Vorräte an Materialien er aufgespeichert habe: an Gold, Silber, Kupfer, Eisen, Hölzern und Edelsteinen. Zum Schluß teilte er mit, daß er aus seinem Privatbesitz 3000 Talente Ophirgold (rund 450 Millionen DM) und 7000 Talente Silber (rund 52,5 Millionen DM) ge= spendet habe.

Als die Obersten des Volkes das hörten, waren sie tief bewegt. Das war wirklich ein großartiges Geschenk ihres geliebten, alten, dem Tode nahen Königs. Sie konnten ihre Rührung kaum verbergen.

Einen Augenblick später geschah etwas Wunderbares, das niemand geahnt hatte. David schloß seine kurze Ansprache mit der Frage: „Wer von euch ist nun bereit, heute gleichfalls für den Tempel des Herrn eine Gabe von seinem Vermögen beizusteuern?" Die ganze große Versammlung geriet in Be= wegung. Alle Obersten Israels kamen einer nach dem andern

und spendeten in überaus reichem Maße Gold, Silber, Kup=
fer, Eisen und Edelsteine für den Bau des Hauses Gottes. Seit
den Tagen Moses, als das Volk in der Wüste Gaben für den
Bau der Stiftshütte brachte, hatte sich Ähnliches nicht er=
eignet. Jeder wollte seinen Teil zum Tempelbau beitragen,
und sie taten es gern um Gottes und um ihres alten Königs
willen. Auf diese Weise gingen Gold und Silber von ins=
gesamt über 750 Millionen DM ein, außerdem Eisen im Ge=
wicht von 100 000 Zentnern. Das ganze Volk war fröhlich,
denn jeder hatte seine Gabe freiwillig und mit ungeteiltem
Herzen Gott dargebracht.

König David war hocherfreut, und als der letzte seine Gabe
angesagt hatte, pries er den Herrn vor der gesamten Ver=
sammlung mit Worten, die zu den schönsten in der Heiligen
Schrift gehören:

„Gelobt seist du, Herr, Gott Israels, unseres Vaters,
von Ewigkeit zu Ewigkeit! Dein, Herr, ist die Majestät
und Gewalt, Herrlichkeit, Sieg und Hoheit. Denn
alles, was im Himmel und auf Erden ist, das ist dein. Dein,
Herr, ist das Reich, und du bist erhöht zum Haupt über
alles . . . Nun, unser Gott, wir danken dir und rühmen deinen
herrlichen Namen . . . Herr, unser Gott, all dieser Reichtum,
den wir herbeigebracht haben, dir ein Haus zu bauen, deinem
heiligen Namen, ist von deiner Hand gekommen, es ist alles
dein . . . Herr, Gott Abrahams, Isaaks und Israels, unser
Vater, bewahre für immer solchen Sinn und solche Gedanken
im Herzen deines Volks und richte ihre Herzen auf dich."

Dann betete David in liebevoller Fürsorge: „Meinem Sohn
Salomo gib ein rechtschaffenes Herz, daß er halte deine Ge=
bote, Ordnungen und Rechte und daß er alles ausführe und

diese Wohnung baue, die ich vorbereitet habe." Man spürte die Liebe des Vaters aus diesen Worten.

Begeistert und ehrfürchtig rief die große Versammlung: „Lobet den Herrn, euren Gott!" Und alle verneigten sich tief vor Gott und vor dem alten König als Zeichen ihrer Liebe und Verehrung.

So erlebte David kurz vor seinem Tode noch den schönsten Tag seiner vierzigjährigen Herrscherzeit. Trotz vieler Fehler war er stets ehrlich bemüht gewesen, Gott und seinem Volk nach bestem Willen und besten Kräften zu dienen. Deshalb nannte Gott ihn seinen Freund.

Salomos Gebet um Weisheit

Gleich am Tage nach dieser großen Feier und der letzten Rede Davids an sein Volk kamen noch einmal alle Obersten Israels in Jerusalem zusammen, um nunmehr Salomo zum zweitenmal zum König zu krönen und ihm zu huldigen. Viele von ihnen waren nämlich nicht anwesend gewesen, als David kurz entschlossen abdankte und Salomo als seinen Nach= folger ehrenvoll auf seinem Maultier durch Jerusalem führen ließ, um dem Putschversuch Adonias zuvorzukommen. Gerade darum hielten die hohen Stammesvertreter es für wichtig, Salomo jetzt offiziell als König einzusetzen. Sie salbten der Sitte entsprechend ihn zum König und gleich= zeitig den Priester Zadok zum Hohenpriester.

Salomo saß denn hinfort auf dem Thron als Nachfolger seines Vaters David, und er war sich bewußt, daß eigentlich Gott der Herr und König Israels war. Er fand im ganzen Volk volle Anerkennung, und alle Fürsten, Hauptleute und Beamte sowie alle Prinzen des Hauses Davids unterwarfen sich ihm. Gott aber sorgte dafür, daß Salomo schon bald überall in hohem Ansehen stand und alle bisherigen Könige Israels an Glanz übertraf.

Warum ließ Gott ausgerechnet diesem jungen Manne in so hohem Maße Segen und Ehre zuteil werden? Nur deshalb, weil Salomo redlich bemüht war, in allen Stücken gerecht zu handeln.

Als nun Salomo die Herrschaft angetreten hatte, befahl er sämtliche Fürsten, Befehlshaber des Heeres, Richter, Beamten und Familienoberhäupter zu einem Gottesdienst nach Gibeon, wo noch immer die Stiftshütte stand. Die Bundeslade freilich war in Jerusalem, wohin David sie hatte bringen lassen. In Gibeon war auch noch der alte kupferne Altar, den Bezalel einst geschmiedet hatte. An dieser alten Offenbarungsstätte Gottes also versammelten sich die vielen Vertreter des Volkes, und dort brachte Salomo dem Herrn tausend Brandopfer dar als Zeichen seiner Verehrung.

Daß der junge König seine Regentschaft auf diese Weise begann, hinterließ bei allen Anwesenden einen tiefen Ein= druck, und jedermann war davon überzeugt, daß nunmehr eine glückhafte Zeit angebrochen sei.

In der Nacht nach dem großen Opferfest erschien Gott dem Salomo im Traum und sprach: „Bitte, was ich dir geben soll!"

Salomo antwortete: „Du hast meinem Vater David große Liebe erwiesen und hast mich zum König an seiner Statt ge= macht. Nun denn, Herr, mein Gott, weil du selbst deinen Knecht an meines Vaters Statt zum König gemacht hast, ich aber noch ein junger Mann bin, der weder aus noch ein weiß, und weil dein Knecht im Mittelpunkt eines so großen Volkes steht, daß man es vor Menge nicht zählen noch berechnen kann: so wollest du deinem Knecht ein verständiges, gehor= sames Herz geben, damit er dein Volk zu regieren versteht und zwischen gut und böse zu unterscheiden weiß. Denn wer wäre sonst imstande, dein mächtiges Volk zu regieren?"

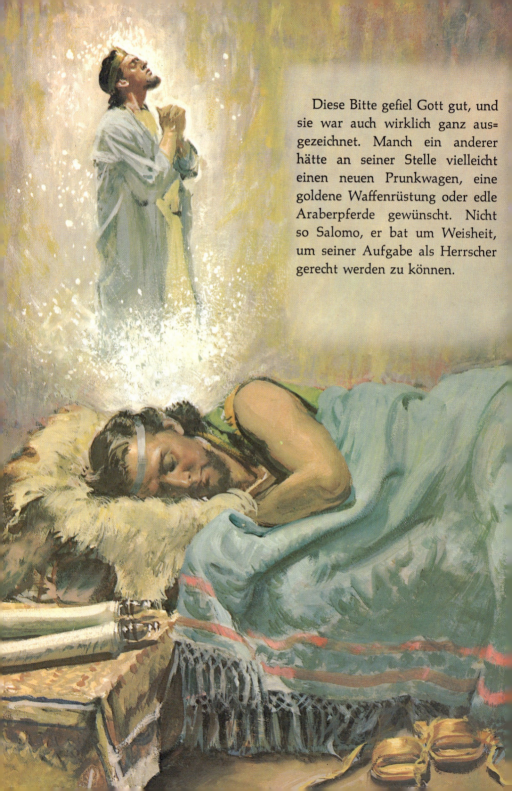

Diese Bitte gefiel Gott gut, und sie war auch wirklich ganz aus= gezeichnet. Manch ein anderer hätte an seiner Stelle vielleicht einen neuen Prunkwagen, eine goldene Waffenrüstung oder edle Araberpferde gewünscht. Nicht so Salomo, er bat um Weisheit, um seiner Aufgabe als Herrscher gerecht werden zu können.

Deshalb sprach Gott zu ihm: „Weil du diese Bitte aus=
gesprochen hast und dir weder langes Leben noch Reichtum
noch deiner Feinde Tod wünschst, sondern Verständnis für das
Recht, so will ich deine Bitte erfüllen. Siehe, ich will dir ein
weises und einsichtsvolles Herz geben. Außerdem gebe ich
dir aber, worum du nicht gebeten hast, nämlich Reichtum und
Ehre, so daß kein anderer König dir gleich sein soll, solange
du lebst. Und wenn du, wie dein Vater David, in meinen
Wegen wandelst und meine Satzungen und Gebote beob=
achtest, so will ich dir auch ein langes Leben verleihen."

Als Salomo erwachte, erkannte er, daß er geträumt hatte.
Aber es war ein bedeutungsvoller Traum gewesen, über den
er noch oft nachdachte. Auch heute könnte jeder junge Mensch
eine Lehre aus ihm ziehen.

. Wie würdest du Gott antworten, wenn er dich fragen
würde: „Was soll ich dir geben?" Wünschtest du dir dann ein
schnittiges Auto, ein elegantes Haus oder viel Geld? oder
möchtest du der Klassenbeste sein und einmal einen ersten
Preis gewinnen? Oder bätest du, ähnlich wie Salomo: „Mach
mich verständig, immer und in allen Dingen das Rechte zu
tun!"?

Wenn du das willst, dann bitte auch du um die Weisheit,
Gottes Willen zu erkennen und zu tun. Darüber wird Gott
sich freuen, und er wird dir zusichern, dir nicht nur Weisheit,
sondern überhaupt alles, was du zum Leben brauchst, schen=
ken zu wollen.

Salomo kehrte gestärkt nach Jerusalem zurück, um sich
seinen vielen Regierungsgeschäften zu widmen. Er wußte,
daß Gott mit ihm war.

133

neuer König von Israel fühlte Salomo die
t der Verantwortung so sehr, daß er Gott
ht um Ehre, Reichtum und Macht bat, son=
n um Weisheit, das Volk gerecht zu regieren.

Zwei Mütter und ein Baby

Der König war zugleich der oberste Richter des Volkes Israel, und gleich einer der ersten Rechtsfälle, die ihm vor= gelegt wurden, war sehr schwierig: Zwei Mütter beanspruch= ten dasselbe Kind für sich. Wem es wirklich gehörte, sollte Salomo entscheiden. Doch wie konnte er das herausfinden? Er war sich der Schwere dieser Aufgabe bewußt. Ob Gott ihm wohl die rechte Einsicht schenken würde?

Zunächst hörte er aufmerksam an, was die zwei Frauen zu sagen hatten. Beide wohnten im gleichen Hause und im selben Raum, und beide bekamen innerhalb von drei Tagen je ein Kind. Eines der beiden Kinder starb bereits kurz nach der Geburt.

Nun behauptete die eine Frau: „Der Sohn dieser da starb in der Nacht, denn sie erdrückte ihn im Schlaf. Sie aber stand mitten in der Nacht auf, nahm mein Kind von meiner Seite weg, während ich schlief, legte es an ihre Brust und legte das tote Kind an meine Seite. Als ich am Morgen erwachte und mein Kind stillen wollte, stellte ich fest, daß ich das tote Kind der andern im Arme hatte."

„Nein!" schrie die zweite Frau aufgebracht. „Mein Sohn lebt, und deiner ist tot!"

„Sie lügt, Herr, ihr Sohn ist tot, und meiner lebt!" So stritten und beschimpften sich die beiden Frauen im Palast vor dem König, und wahrscheinlich hätten sie einander am liebsten die Haare ausgerauft. Das war alles andere als ein erfreulicher Auftritt. So etwas war Salomo noch nicht begegnet. Richtig hilflos kam er sich vor. Wenn er jemals die Weisheit benötigte, die Gott ihm im Traume versprochen hatte, so jetzt. „Behauptung steht gegen Behauptung", sagte der König und beendete damit den Streit der Frauen. „Welcher von ihnen gehört nun wirklich das lebende Kind?" Er überlegte eine Weile, dann befahl er mit bewundernswürdiger Ruhe: „Holt mir ein Schwert!" Als ein Diener es ihm überreichte, wurde es im Gerichtssaal ganz still. Was mag der König wohl mit dem Schwert wollen, dachten die Anwesenden.

„Nun das Kind, nehmt es den Frauen weg!"

Atemlos starrten alle den König an. Was soll das? Was hat er vor? Will er auch dieses Kind töten? Kann er wirklich so herzlos sein?

Da hörten sie seinen Urteilsspruch: „Teilt das lebende Kind in zwei Teile und gebt jeder Frau eine Hälfte!"

Entsetzt stockte allen der Atem. Was war in den König gefahren?

Doch da geschah's: In Todesangst um ihren Sohn schrie plötzlich die wahre Mutter: „Halt ein, tu's nicht! Ach, mein Herr, tötet es nicht, gebt ihr das Kind lebendig!"

Die andere rief jedoch gellend dazwischen: „Es soll weder mir noch dir gehören; zerteilt es!"

Nun wußte Salomo, wie er entscheiden sollte, und so wies er auf die Frau, die um das Leben des Babys gebeten hatte, und sagte: „Gebt dieser das Kind lebendig und tötet's nicht. Sie ist seine Mutter."

Die beiden Frauen verließen den königlichen Palast, und ihre Geschichte ging mit ihnen. Schnell wurde sie weiter= erzählt und lief von Stadt zu Stadt und von Dorf zu Dorf, bis jeder im ganzen Lande sie kannte und von dem Säugling sprach, dessen Mutter von Salomo auf so einfache und doch kluge Weise herausgefunden worden war. Ganz Israel emp= fand Ehrfurcht vor ihm und erkannte, daß Gott ihm die Weisheit verliehen hatte, gerecht richten zu können.

Die glücklichsten Tage Israels

Die Regierungszeit Salomos war für die Kinder Israel eine ununterbrochene Kette der glücklichsten Tage, denn nie zuvor hatten sie in solchem Wohlstand und in einer so langen Friedenszeit gelebt. Wie gut es ihnen ging, berichtet die Bibel: „Die Bewohner von Juda und Israel waren so zahlreich wie der Sand am Meer an Menge; sie aßen und tranken und waren guter Dinge. Salomo aber war Beherrscher aller Reiche vom Euphratstrom bis zum Philisterland und bis an die Grenze Ägyptens. Sie zahlten Tribut und waren Salomo untertan, solange er lebte . . . Denn er herrschte über alle Länder diesseit des Euphrats von Thiphsah bis nach Gaza, über alle Könige diesseit des Euphrats und lebte in Frieden mit allen Völkern ringsum, so daß Juda und Israel von Dan bis Beerseba in Sicherheit wohnten, ein jeder unter seinem Wein= stock und unter seinem Feigenbaum, solange Salomo lebte."

Dies war der Grund dafür, daß Salomo sich nahezu un= unterbrochen der Aufgabe des Tempelbaus widmen konnte, den sein Vater so gründlich und liebevoll geplant und vor= bereitet hatte.

Trotzdem reichte das, was David an Bauholz und Metallen verschiedenster Art zusammengetragen hatte, bei weitem nicht aus. Als Salomo die Baupläne überprüfte, stellte er fest, daß er noch viel mehr Materialien benötigte, um überhaupt mit dem Tempelbau beginnen zu können.

Nun erwies es sich als nützlich, daß König Hiram von Tyrus ein alter Freund seines Vaters war. Ihn bat Salomo in einem Brief um Hilfe bei dem großen Vorhaben. Insbesondere wünschte er Zedern= und Zypressenhölzer, die damals nur im Libanongebirge wuchsen. Er sicherte gute Bezahlung und Be= reitstellung von Hilfsarbeitern zu. Die Begründung seiner Bitte war für Hiram schmeichelhaft: „Du weißt ja selbst, daß es keinen bei uns gibt, der Bauholz so zu hauen verstände wie die Sidonier."

In seinem überaus höflichen Antwortschreiben lobte König Hiram den Gott Israels, der David einen so weisen Sohn zum Nachfolger gegeben habe, und sagte Salomo alle erbetene Unterstützung zu. „Meine Leute sollen die Hölzer vom Libanon zum Meer hinabschaffen; dann will ich Flöße daraus auf dem Meer herstellen lassen und sie bis an den Ort schaf= fen, den du mir angeben wirst. Dort lasse ich sie wieder aus= einandernehmen, und du läßt sie abholen."

Genauso geschah es. Hiram sorgte dafür, daß so viele Bäume gefällt wurden, wie Salomo anforderte, und daß sie entlang der Küste nach Japho geschleppt wurden. Von dort brachten die Knechte Salomos die Stämme ins Innere des Landes und die steilen Pfade nach Jerusalem hinauf. Viele Jahre dauerte diese harte, beschwerliche Arbeit. Als Gegen= leistung lieferte Salomo dem König von Tyrus für den Unter= halt seines Hofstaates jährlich 20 000 Kor Weizen (= 7,28 Millionen Liter) und 20 000 Bath (= 728 000 Liter) feinstes Olivenöl.

Um die Arbeiten im Gebirge Libanon zu beschleunigen, entsandte Salomo 30 000 Fronarbeiter dorthin. Von ihnen

waren im monatlichen Wechsel jeweils 10 000 beim Holz=
fällen und dann zwei Monate daheim. Weitere 70 000 Last=
träger und 80 000 Steinhauer wurden im Gebirge Juda ein=
gesetzt. Auf Befehl des Königs brachen sie große, kostbare
Steine aus den Felsen, um die Grundmauern des Tempels aus
Quadersteinen legen zu können. Seine und Hirams Bauleute
hieben sie zurecht und richteten überhaupt alle Hölzer und
Steine zum Bau des Tempels her.

Mit großem Interesse beobachtete die Bevölkerung, wie
sich die Baumaterialien und behauenen Steine zu immer
höheren Bergen türmten. Mittlerweile nahm das gesamte
Volk begeistert Anteil an dem gewaltigen Vorhaben, dem
Gott Israels einen Tempel zu bauen. Da die vielen Tausenden,
die unmittelbar mit dem Bau zu tun hatten, aus allen Teilen
des Reiches stammten und vom ganzen Volk ernährt werden
mußten, konnte es nicht ausbleiben, daß immer wieder von
ihnen und ihrer Arbeit gesprochen wurde.

Niemand hatte etwas gegen den Bau einzuwenden, im
Gegenteil, allen erschien er wesentlich sinnvoller zu sein, als
Kriege gegen die Philister, Amalekiter, Ammoniter und an=
dere Feinde zu führen, wie es in den schweren, leidvollen
Jahren der Vergangenheit gewesen war. Alle waren davon
überzeugt, daß endlich eine neue, große Zeit für Israel an=
gebrochen war.

Friede herrschte, wie Gott ihn verheißen hatte. Jetzt
segnete er sein Volk so, wie er es einst Abraham, Isaak und
Jakob versprochen hatte. Wie beglückend war es, wenigstens
in bescheidener Weise zur Verherrlichung seines Namens bei=
tragen zu können!

Hiram, der Kupferschmied

Als besonderen Wunsch hatte Salomo dem König von Tyrus geschrieben: „Sende mir einen Mann, der sich auf Arbeiten in Gold und Silber, in Kupfer und Eisen, in rotem Purpur, karmesinfarbigen Stoffen und blauem Purpur versteht und geschickt Steine gravieren kann."

Tatsächlich fand sich solch ein Künstler, und der Tyrierkönig schickte ihn mit besten Empfehlungen nach Jerusalem. Der Mann hieß, wohl zu Ehren des Königs, ebenfalls Hiram. Seine Mutter war eine Israelitin des Stammes Dan, sein Vater jedoch ein Tyrier. Eigenartigerweise führte die Mutter ihren Stammbaum auf Oholiab zurück, der vor 500 Jahren der engste Mitarbeiter Bezalels, des kunstverständigen Erbauers der Stiftshütte in der Wüste, gewesen war.

Wie seinerzeit Bezalel und Oholiab war auch dieser junge Mann ein wahrer Meister in der Verarbeitung von Gold, Silber, Kupfer, Eisen, Steinen, Holz, rotem und blauem Purpur, feiner Leinwand, Scharlach und vieler anderer Materialien, ja, alle seine Entwürfe und Ausführungen zeugten von Weisheit und hohem Können. Nicht umsonst lobte König Hiram an ihm: „Er versteht alles kunstreich zu gestalten, was immer man ihm zu tun aufgibt." Das war keine übertriebene Anpreisung, denn schon bald zeigte sich, welche hervorragenden Fähigkeiten und künstlerischen Talente in diesem Hiram steckten.

In Jerusalem angekommen, arbeitete er zunächst die Bau=
pläne für den Tempel durch. Dabei erkannte er, daß eine der
schwierigsten Aufgaben der Guß der großen Kupfer= und
Bronzesäulen sein würde, die vor dem Heiligtum stehen
sollten. Wo konnte er den Guß dieser massiven Säulen von
etwa neun Metern Höhe und sechs Metern Umfang vorneh=
men? Gab es überhaupt ausreichend Ton für die Erstellung
der Gußformen? Auch dieses Problem, das viele entmutigt
hätte, löste Hiram. Er suchte eben so lange, bis er den Ton
fand, und zwar im unteren Teil des Jordantales zwischen
Sukkot und Zereda. Dann ergab sich die Frage, ob das Metall
zum Ton oder der Ton zum Metall transportiert werden
sollte. In jedem Fall erforderte es einen großen Arbeits=
aufwand. Nach reiflicher Überlegung entschied Hiram sich,
die Gußarbeiten im Tal auszuführen. Also baute er dort seine
Geräte auf, schmolz das Metall und goß es in die tönernen
Formen. Die Arbeit gelang ihm, und damit hatte er zwei
prächtige, glänzende Kupfersäulen geschaffen.

Wie aber sollten sie vom Tal durch das Gebirge nach
Jerusalem gebracht werden? Wie das gelang, weiß heute nie=
mand mehr zu sagen. Auf jeden Fall war es eine beachtliche
Transportleistung, denn die Säulen waren lang und schwer,
die Gebirgspfade aber steil und sehr kurvenreich. Doch Hiram
ließ sich durch nichts abschrecken, und tatsächlich wurden sie
ordnungsgemäß vor dem Tempel aufgestellt. Die rechte Säule
nannte Hiram „Jachin" (Er gründet fest) und die linke
„Boas" (In ihm ist Kraft). Unter diesen Namen bekannt,
standen sie viele hundert Jahre zur Ehre Gottes vor dem

Heiligtum und erinnerten an einen Mann, der seiner Arbeit mit Weisheit und Verstand nachgekommen war.

Während Hirams Gehilfen noch damit beschäftigt waren, die beiden Säulen mühsam Schritt für Schritt bergauf zu schaffen, war er selbst schon wieder mit anderen, keineswegs weniger bedeutungsvollen Aufgaben beschäftigt. So fertigte er kunstvoll eine große bronzene Schale von etwa fünf Metern Durchmesser und zweieinhalb Metern Tiefe an, die auf zwölf metallenen Rindern ruhte, von denen je drei nach Norden, Westen, Süden und Osten schauten. Auch diese Aufgabe meisterte Hiram vorzüglich, obwohl es sicherlich schwer war, dieses Riesenbecken, das kurz „Meer" genannt wurde, ganz aus Bronze zu gießen. Es war ungefähr eine Handbreit dickwandig, und sein Rand glich einer aufgegangenen Lilie. Das „Meer" faßte rund 50 000 Liter Wasser.

Von den vielen anderen kunstvoll gestalteten Gegenständen aus der Hand Hirams werden in der Bibel genannt: vierhundert Granatäpfel, zehn Kupferkessel mit den dazugehörigen Gestellen, ferner eine große Zahl Töpfe, Schaufeln und Becken. Sie waren samt und sonders aus blankem Kupfer gefertigt.

Dieser Mann, dessen Vater ein Heide gewesen war, hat wesentlich zum Bau des Tempels beigetragen. Wenn daher die Rede von dem herrlichen Haus des Herrn, dem prachtvollen Tempel Salomos ist, dann sollte man zugleich derer gedenken, die gleich Hiram und Tausenden anderen Männern mit Liebe und Hingabe an der Vollendung des Baus beteiligt waren.

Lautloses Bauen

Vier Jahre dauerte es, bis Salomo alles Baumaterial bei=
sammen hatte. Sieben weitere Jahre waren für den eigent=
lichen Bau erforderlich. Die Vorbereitungen waren deshalb so
langwierig, weil jeder Stein, jeder Balken und jedes Metall=
stück zugehauen, zugeschnitten oder gegossen werden
mußte, ehe es zum Bauplatz gebracht wurde. Dann aber
konnten die Bauarbeiten selbst geradezu lautlos vor sich
gehen. In der Bibel wird ausdrücklich hervorgehoben, daß
man während der Errichtung des Gebäudes keinen Lärm von
Hämmern, Meißeln und anderen eisernen Werkzeugen hörte.

Genauso geräuschlos wirkt Gott in der Natur, wenn er das
Gras wachsen und die Bäume sprießen, blühen und Frucht
tragen läßt. Auch sein Tempel wurde ein Werk der Stille.
Vielleicht wollte Gott auf diese Weise veranschaulichen, wie
sein Werk in der Welt wachsen solle: nicht durch geräusch=
volle, schreiende Propaganda, sondern durch das leise Ein=
wirken seines Heiligen Geistes auf die Herzen der Menschen.
Wäre es nicht gut, wenn wir beim Betreten eines Gottes=
hauses daran dächten? In der Bibel heißt es: „Der Herr ist in
seinem heiligen Tempel. Es sei vor ihm stille alle Welt!"

Nun wurde Stein auf Stein gesetzt, jeder an die Stelle, für
die er zugerichtet worden war. So gewann das Bauwerk lang=
sam Höhe. Viele Eltern mögen mit ihren Kindern nach Jerusa=
lem gekommen sein, um mit ihnen dem lautlosen Bauen

zuzuschauen. Bereits Jahre vor Davids Tod war oft davon ge=
sprochen worden, daß dem Gott Israels ein prächtiger Tempel
errichtet werden sollte. Nun aber hob sich das Werk Stein
um Stein vor ihren Augen empor. Schon die gewaltigen
Fundamente bezeugten, daß der Tempel weit größer werden
sollte, als man es je erträumt hatte. Er sollte wirklich ein
Haus der Ehre Gottes werden.

Das Heiligtum Salomos wurde doppelt so groß wie die
Stiftshütte, die Mose in der Wüste erstellt hatte. Die Stifts=
hütte war knapp 16 Meter lang, 5,20 Meter breit und 5,20
Meter hoch. Der Tempel dagegen wurde fast 32 Meter lang,
10,40 Meter breit und 10,40 Meter hoch.

Wie das Zeltheiligtum, so bestand auch der Tempel aus
drei Abteilungen: dem Vorhof für das allgemeine Volk aller
Stände, dem Heiligen für den täglichen Dienst der Priester
und Leviten und dem Allerheiligsten, das nur einmal im
Jahr — am Großen Versöhnungstag — vom Hohenpriester
betreten werden durfte.

Alle Wände wurden innen mit Zedernholz getäfelt, wäh=
rend die Fußböden mit Zypressenholz belegt wurden, so daß
kein Stein zu sehen war. Mit Gold überzogen wurden die
Halle, die Balken, die Schwellen sowie die Wände und Türen.
Ferner ließ Salomo Cherubim, Palmen und Blumengewinde
in alle Wände ringsum einschnitzen und einen großen Vor=
hang anfertigen aus blauem und rotem Purpur, Scharlach und
feiner Leinwand und ebenfalls mit Cherubimdarstellungen
verzieren.

In das Allerheiligste wurden zwei gewaltige Cherubim ge=
stellt, die kunstvoll aus Olivenholz geschnitzt und mit Gold
überzogen waren. Sie standen nebeneinander, und ihre Flügel

berührten rechts und links die Wände. Das Heilige war aus=
gestattet mit einem vergoldeten Räucheraltar, einem ver=
goldeten Tisch für die Schaubrote sowie mit zehn Leuchtern
aus gediegenem Gold, und zwar je fünf auf der rechten und
linken Seite vor dem Allerheiligsten. Alles zusammen bot
einen großartigen Anblick: die leuchtenden Farben des Vor=
hangs, das strahlende, flackernde Licht der zehn goldenen
Leuchter, vielfach zurückgeworfen von den vergoldeten Wän=
den und Geräten.

In der südöstlichen Ecke des Vorhofes stand das „Meer",
das wahrscheinlich den Priestern als Bade= und Reinigungs=
becken diente. Außerdem gab es zehn Kupferbecken als
Waschanlagen für die Opfergaben vor dem Opfer. Unmittel=
bar vor dem Eingang zum Heiligen erhob sich ein bronzener
Altar, der etwa zehn Meter lang und breit und fünf Meter
hoch war. Auf ihm wurden Brand= und Dankopfer dar=
gebracht.

Nach sieben Jahren Bauzeit war das Werk vollendet. Alle
Arbeiten waren mit größter Sorgfalt ausgeführt worden. Wer
auch immer mit dem Bau zu tun gehabt hatte, vom König
abwärts bis zum einfachsten Steinhauer und Lastenträger,
hatte sein Bestes getan. Kein Wunder, daß der Tempel Sa=
lomos schon bald in den Ruf kam, eines der schönsten Häuser
zu sein, die je erbaut wurden.

Jetzt brauchte der Tempel nur noch eingeweiht zu werden.
Aber wird Gott ihn als seine Wohnung anerkennen und ihn
genauso durch seine Gegenwart auszeichnen wie einst das
Zeltheiligtum in der Wüste?

Der Tempel wird eingeweiht

Der Tempel war fertig, und auch die Einrichtung war fast vollständig. Die goldenen Leuchter, der vergoldete Schau=brottisch und der vergoldete Räucheraltar standen an ihrem Platz. Der farbenprächtige Vorhang hing vor den beiden ver=goldeten Cherubim und trennte das Heilige vom Aller=heiligsten. Jetzt fehlte nur noch das Kernstück des Tempels und des Allerheiligsten, die Bundeslade. Nach wie vor stand sie in dem Zelt, das König David hatte aufstellen lassen, als er sie von Kirjath=Jearim geholt hatte.

Sämtliche Arbeiten waren zur größten Zufriedenheit aus=gefallen, und damit war das große Werk zum Abschluß ge=kommen. Deshalb ließ Salomo die Stammesfürsten, die Häupter der Geschlechter sowie alle Würdenträger nach Jeru=salem kommen, um die Bundeslade aus der Davidsstadt, so wurde Zion genannt, heraufzuholen.

Was mag das für ein Festzug gewesen sein! Und welche Freude mag das Volk erfüllt haben beim Anblick der kost=baren, nun schon nahezu fünfhundert Jahre alten Lade, die andächtig und ehrfurchtsvoll von Leviten zum Tempel ge=tragen wurde, wo sie im Allerheiligsten endgültig ihren Platz haben sollte.

Bei dieser Gelegenheit nahmen die Priester und Leviten gleich auch die letzten Geräte aus dem Zeltheiligtum mit, um sie im neuen Gotteshaus aufzubewahren.

Als die Priester die Bundeslade Gottes unter die aus=
gebreiteten Flügeln der Cherubim stellten, ging ihnen viel=
leicht erst auf, wie klein sie hier wirkte. Und doch, sie war
das Wichtigste und Wertvollste im ganzen Tempel, denn sie
enthielt die beiden Tafeln mit dem Gesetz Gottes, die Mose
am Berg Horeb von Gott empfangen und in die Lade gelegt
hatte. Ohne sie, das heißt ohne das in ihr ruhende Gesetz
Gottes, und ohne den Gnadenstuhl, den die Lade trug, wäre
der Dienst im Tempel sinnlos gewesen; denn Gerechtigkeit
und Gnade zeichnen das Verhalten Gottes den Menschen
gegenüber aus.

Als die Priester die Lade an ihren Platz gestellt hatten und
wieder aus dem Tempel traten, setzten schlagartig Musik und
Gesang ein. Einhundertzwanzig Priester bliesen auf Trom=
peten, während Leviten auf Zimbeln, Harfen und Psaltern
spielten und große Chöre den Lobpreis Gottes sangen. Sie
musizierten und sangen einstimmig, und das hörte sich wie
ein gewaltiges Brausen an.

Als nun die Musik erscholl und die Chöre das Loblied „Er
ist gütig, und seine Barmherzigkeit währt ewig" anstimmten,
wurde der Tempel von einer Wolke eingehüllt, so daß die
Priester ihren Dienst nicht verrichten konnten. Salomo aber,
der auf einer erhöhten bronzenen Kanzel in der Mitte des
Vorhofs stand, erkannte: Die Herrlichkeit des Herrn erfüllte
das neue Gotteshaus. Tief bewegt und dankbar ließ er sich
angesichts der ganzen Versammlung auf die Knie nieder,

breitete die Hände gen Himmel aus und betete inbrünstig:
„Herr, du Gott Israels! kein Gott weder im Himmel noch
auf der Erde ist dir gleich, der du den Bund und die Gnade
deinen Knechten bewahrst, die mit ganzem Herzen vor dir
wandeln. Du hast deinem Knechte David, meinem Vater, ge=
halten, was du ihm verheißen hattest, wie es heute sichtbar
zutage liegt! Wie aber? sollte Gott wirklich bei den Menschen
auf der Erde Wohnung nehmen? Siehe, der Himmel und aller
Himmel Himmel können dich nicht fassen: wie viel weniger
dieses Haus, das ich gebaut habe!

Und doch wende dich zu dem Gebet deines Knechtes und
zu seinem Flehen, daß du hörst auf das Rufen und das Gebet,
das dein Knecht an dich richtet! Laß deine Augen bei Tag und
bei Nacht offen stehen über diesem Hause, über der Stätte,
von der du verheißen hast, du wollest deinen Namen da=
selbst wohnen lassen, daß du das Gebet erhörst, welches dein
Knecht an dieser Stätte verrichten wird. So erhöre denn das
Flehen deines Knechtes und deines Volkes Israel, sooft sie an
dieser Stätte beten werden! Erhöre du es . . . vom Himmel
her, und wenn du es hörst, so vergib!"

Folgende sieben Bitten trug König Salomo nun Gott vor:
  1. „Wenn sich jemand gegen seinen Nächsten versündigt
und man ihm einen Eid auferlegt, den er schwören soll, und

er kommt und schwört vor deinem Altar in diesem Hause: so wollest du es vom Himmel her hören und eingreifen und deinen Knechten Recht schaffen . . ."

2. „Wenn dein Volk Israel vom Feinde geschlagen wird, weil es sich an dir versündigt hat, sich dann aber bekehrt und deinen Namen bekennt und in diesem Hause zu dir betet und fleht: so wollest du es vom Himmel her hören und deinem Volk die Sünden vergeben und sie in dem Lande wohnen lassen, das du ihnen und ihren Vätern gegeben hast."

3. „Wenn der Himmel verschlossen bleibt und kein Regen fällt, weil sie sich an dir versündigt haben, und sie dann an dieser Stätte beten und deinen Namen bekennen und sich von ihrer Sünde abkehren, weil du sie demütigst: so wollest du es im Himmel hören und deinen Knechten die Sünde vergeben, indem du ihnen den rechten Weg weisest . . . und wollest Regen fallen lassen auf dein Land . . ."

4. „Wenn eine Hungersnot im Lande herrscht, wenn die Pest ausbricht, wenn Getreidebrand oder Vergilben des Ge=treides, Heuschrecken oder Ungeziefer über das Land kom=men . . . oder sonst irgendeine Plage oder Krankheit sie heim=sucht: was man alsdann erbittet und erfleht, es geschehe von einem einzelnen Menschen oder von deinem ganzen Volk, wenn ein jeder sich in seinem Gewissen getroffen und von Reue ergriffen fühlt und er seine Hände nach diesem Hause hin ausstreckt: so wollest du es vom Himmel her hören an der Stätte, wo du thronst, und wollest Verzeihung gewähren und einem jeden ganz nach Verdienst vergelten, wie du sein Herz kennst — denn du allein kennst das Herz der Menschen=kinder —, damit sie dich fürchten und allezeit auf deinen Wegen wandeln . . ."

5. „Aber auch den Fremdling, der nicht zu deinem Volke Israel gehört, sondern aus fernem Land . . . hergekommen ist und vor diesem Tempel betet, wollest du vom Himmel her erhören . . . und alles tun, worum er dich anruft, auf daß alle Völker auf Erden deinen Namen erkennen und dich ebenso fürchten wie dein Volk Israel . . ."

6. „Wenn dein Volk auszieht in den Krieg gegen seine Feinde auf dem Weg, den du sie senden wirst, und sie zu dir beten nach dieser Stadt hin und nach diesem Hause hin . . ., so wollest du ihr Gebet und Flehen vom Himmel her hören und ihnen zu ihrem Recht helfen."

7. „Wenn sie an dir sündigen werden — denn es gibt keinen Menschen, der nicht sündigt — und du über sie zürnst und sie vor ihren Feinden dahingibst und diese sie gefangen wegführen in ein fernes oder nahes Land und sie nehmen es sich dann zu Herzen . . . und sprechen: ,Wir haben gesündigt, übelgetan und sind gottlos gewesen', und sich von ganzem Herzen und von ganzer Seele zu dir bekehren im Lande ihrer Feinde, in dem man sie gefangenhält, so wollest du ihr Gebet und Flehen hören vom Himmel her und ihnen zu ihrem Recht helfen und deinem Volk vergeben, das an dir gesündigt hat."

Sein Gebet schloß Salomo mit der Bitte: „Und nun mache dich auf, Herr, mein Gott, zu deiner Ruhestätte, du selbst und deine machtvolle Lade! Laß deine Priester in Heil sich kleiden und deine Frommen sich freuen des Glücks!"

Welch ein Gebet voller Güte und Fürsorge für den Mitmenschen! Ganz sicher hat es Gott im Himmel gehört. Denn kaum hatte Salomo sein Gebet beendet, so fuhr Feuer vom Himmel herab und verzehrte das Brandopfer und die Schlachtopfer.

Als die Volksmenge, die an dieser Einweihungsfeier teilnahm, sah, daß der Tempel von der Herrlichkeit des Herrn erstrahlte, fiel jeder auf die Knie, das Angesicht zur Erde geneigt, und betete den Herrn an und dankte ihm dafür, daß seine Güte und Gnade ewig währt.

Beim Schlafengehen an jenem Abend mögen viele Kinder ihre Mütter gefragt haben: „Hast du auch das Feuer vom Himmel fallen sehen? Nicht wahr, da muß der liebe Gott doch ganz nahe gewesen sein!"

Warnende Worte

Im Anschluß an die Einweihungsfeier veranstaltete Salomo ein Fest für alle, die nach Jerusalem gekommen waren. Es dauerte sieben Tage. Dann entließ er das Volk. Jeder segnete den König und kehrte nach Hause zurück — frohen und guten Muts über all das Gute, das der Herr an David und an seinem Volk Israel getan hatte.

Als nun der Alltag eingekehrt war und die Dinge wieder ihren geregelten Gang nahmen, erschien der Herr dem König Salomo zum zweitenmal. Das erstemal war er ihm in Gibeon unmittelbar nach der Krönung erschienen. Damals hatte der junge Herrscher so ergreifend gebetet, daß Gott ihm einen Wunsch erfüllen wollte.

Diesmal hatte der Herr ihm mehr zu sagen. „Ich habe dein Gebet und Flehen gehört, das du an mich gerichtet hast", sprach er und bezog sich auf Salomos Weihegebet. „Ich habe dies Haus, das du gebaut hast, dazu ausersehen, meinen Namen dort ewiglich wohnen zu lassen. Wenn du, wie dein Vater David, aufrichtig und mit rechtschaffenem Herzen vor mir wandelst und alles tust, was ich dir geboten habe, so will ich den Thron deines Königtums über Israel ewiglich be= stätigen."

„Werdet ihr euch aber" und Salomo hätte auf dieses „aber" besonders achten sollen, „von mir abwenden, ihr und eure Kinder, und nicht halten meine Gebote und Rechte, die ich euch vorgelegt habe, und hingehen und andern Göttern dienen und sie anbeten: so werde ich Israel ausrotten aus dem Lande, das ich ihnen gegeben habe, und das Haus, das ich meinem Namen geheiligt habe, will ich verwerfen von mei= nem Angesicht; und Israel wird ein Spott und Hohn sein unter allen Völkern. Und dies Haus wird eingerissen werden, so daß alle, die vorübergehen, sich entsetzen werden und höhnen und sagen: Warum hat der Herr diesem Lande und diesem Hause das angetan? Dann wird man antworten: Weil sie den Herrn, ihren Gott, verlassen haben."

„Dieses Haus, dieser herrliche Tempel, verworfen von Gottes Angesicht? Könnte das je geschehen?" überlegte Sa= lomo. „Unmöglich! Gott würde das nie zulassen!"

Unverständlich, was Gott über den Tempel sprach, für dessen Bau der junge König sieben seiner besten Lebensjahre dahingegeben hatte! War denn eine solch ernste Warnung an ihn und das Volk Israel überhaupt nötig? Sie war es, wie wir sehen werden!

Salomo hatte eine Tochter des Königs von Ägypten ge= heiratet. Daher bestand die Gefahr, daß seine Kinder die Götzen anbeten lernten, denen ihre Mutter diente; denn sie war Heidin geblieben.

Salomo war mittlerweile einer der reichsten Männer der Welt geworden. Über Jerusalem ergoß sich ein Strom von Gold und Silber, wie die Bewohner es noch nie zuvor erlebt

hatten. Salomo aber begann, verschwenderisch damit um=
zugehen und ein Leben in Luxus zu führen, das mit all den
Gefahren verbunden war, an denen schon immer sehr viele
Menschen scheitern.

Deshalb warnte ihn Gott vorsorglich; denn Salomo sollte
unbedingt wissen: In Gottes Augen ist es wichtiger, seine
Gebote zu halten, als die schönsten Bauwerke zu errichten.
Gottes Willen tun, die Wahrheit sprechen, reine Gedanken
hegen, gottgefällig leben, diese Taten wiegen bei ihm mehr
als alles Schöne und Wertvolle, das Menschen ihm — angeb=
lich zu seiner Ehre — aus Stein, Holz, Gold, Silber oder edlen
Steinen bauen können.

Natürlich hätte Gott es gern gesehen, wenn der Tempel
Salomos von Bestand gewesen wäre. Er hatte es sogar ver=
sprochen, freilich unter der Voraussetzung, daß Salomo und
seine Kinder ihm immer die Treue hielten. Falls sie aber von
ihm abfielen und anderen Göttern folgten, so würde der
Tempel vom Erdboden verschwinden, ganz gleich, wie fest
das Fundament, wie massiv die Mauern und wie kostbar alle
Verzierungen waren: alles würde wie Streu vom Winde ver=
weht werden. Tatsächlich sind von dem erhabenen Bau
keinerlei Überreste gefunden worden, wie sehr man auch
schon nach ihnen gesucht hat.

Nun kennen wir den wahren Grund, warum in Jerusalem
der Tempel Salomos nicht mehr existiert: Gottes warnende
Worte wurden leider nicht beachtet, und deshalb hatte der
Tempel keinen Bestand.

Die Königin von Saba

Als sich die Kunde von Salomos Reichtum und Weisheit über alle Lande verbreitete, wünschten ihn viele Könige und Herrscher persönlich kennenzulernen. Viele, viele Menschen begehrten ihn zu sehen und die Weisheit zu hören, die ihm Gott in sein Herz gegeben hatte. Jeder, der zu ihm kam, brachte ihm als Geschenk silberne und goldene Geräte, Klei= der, Waffen, Spezereien, Rosse und Maultiere. So ging es Jahr um Jahr.

Die Könige von Arabien und die Statthalter der tribut= pflichtigen Länder belieferten Salomo mit Gold und Silber. Allein an Gold flossen pro Jahr sechshundertundsechzig Ta= lente in sein Schatzhaus — ein ungeheurer Wert (= fast 90 Millionen DM). Außerdem bezog er riesige Einkünfte aus dem Handel der Kaufleute, der Israel mit der weiten Welt verband.

Um seinen Reichtum noch zu vermehren, baute er zwei Flotten: eine befuhr das Rote Meer und holte Gold aus Ophir; die andere betrieb auf dem Mittelmeer Handel mit westlichen Ländern. Die Schiffe kamen alle drei Jahre einmal heim und brachten Gold, Silber, Elfenbein, Affen und Pfauen. Salomo besaß ferner eintausendvierhundert Wagen und zwölftausend Reitpferde. Wie es heißt, gab es damals in Jerusalem so viel Silber wie Steine. Das ganze Volk hatte also Anteil an dem Wohlstand.

Als Zeichen seines Reichtums ließ Salomo einen großen Thron aus Elfenbein bauen und mit edelsten Gold über= ziehen. Der Thron hatte sechs Stufen. Rechts und links jeder Stufe stand je ein Löwe, zwei weitere an den Lehnen des Sessels, insgesamt vierzehn. Kein Wunder, daß die Bibel be= richtet: „Dergleichen ist nie gemacht worden in allen König= reichen." Sämtliche Trinkgefäße des Königs waren aus Gold; denn das Silber wurde für nichts geachtet.

Aus der Vielzahl der berühmten Besucher Salomos machte besonders die Königin von Saba von sich reden. Sie lebte ver= mutlich im südlichen Teil Arabiens. Ihre Reise nach Jerusalem war lang und beschwerlich. Sie kam mit sehr großem Gefolge. Ihre vielen Kamele trugen Spezereien, Gold und Edelsteine in Menge. Wahrscheinlich war sie eine kluge Frau, denn sie war bedacht darauf, ihr Wissen zu bereichern. Als sie von dem weisen Salomo hörte, wollte sie ihm unbedingt einige schwierige Fragen vorlegen, für die sie selbst keine Antwort finden konnte. Die Bibel sagt nichts über die Art ihrer Fragen aus, wohl aber, daß Salomo sie beantworten konnte, worüber die Königin sehr erfreut war.

Zweifellos stieg sie zwischen den zwölf Löwen die Stufen zu dem Thron aus vergoldetem Elfenbein hinauf. Als sie sich gründlich von der Weisheit Salomos überzeugt hatte, be= sichtigte sie seinen neuen Palast, bewunderte die Speisen auf seinem Tisch, die Rangordnung seiner Großen, die Auf= wartung und die Kleider seiner Diener und sah zu, wie er im Hause des Herrn Brandopfer darbrachte. Begeistert sagte sie zum König:

„Wahr ist das gewesen, was ich in meiner Heimat von dir und deiner Weisheit gehört habe. Ich hab's nicht glauben

einer prunkvollen Karawane unter militä= hem Schutz zog die Königin von Saba nach ıel, um Salomo zu besuchen. Zahlreiche Ka= le und Esel waren mit Spezereien, Gold, lsteinen und anderen Schätzen beladen.

wollen, bis ich gekommen bin und es mit eigenen Augen gesehen habe. Und siehe, nicht die Hälfte hat man mir gesagt. Du hast mehr Weisheit und Güter, als die Kunde sagte, die ich vernommen habe. Glücklich sind deine Männer und deine Großen, die allezeit vor dir stehen und deine Weisheit hören dürfen."

Die Königin schloß mit den Worten: „Gelobt sei der Herr, dein Gott, der an dir Wohlgefallen hat, so daß er dich auf den Thron Israels gesetzt hat! Weil der Herr Israel liebhat ewiglich, hat er dich zum König gesetzt, daß du Recht und Gerechtigkeit übst."

Als Gastgeschenk übergab sie Salomo einhundertzwanzig Talente Gold und sehr viele Spezereien und Edelsteine. „Es kam nie mehr so viel Spezerei ins Land, wie die Königin von Saba dem König Salomo gab", vermerkt der biblische Geschichtsschreiber.

Die Königin kehrte in ihr eigenes Land zurück mit der unauslöschlichen Erinnerung an einen König und ein Land, die der Gott des Himmels mit allem reich gesegnet hatte.

Wenn Salomo auch weiterhin so für Gott gezeugt hätte, dann hätte er viel Gutes vollbringen können. Noch andere Königinnen und Könige hätten durch ihn von Gottes Liebe und Güte vernommen. Sein Reichtum und seine Weisheit hätten es ihm ermöglicht, weite Teile der Erde mit der Erkenntnis des wahren Gottes zu erfüllen. Sicherlich hätten sehr viele Menschen auf ihn gehört. Leider aber wurde ausgerechnet dieser weiseste Mann der Welt jener Zeit zu einer der größten Enttäuschungen Gottes.

Aus dem Schatz des weisen Salomo

Tag um Tag, Jahr für Jahr ergoß sich aus Salomos klarem, durchdringendem Verstand ein Strom von Weisheit. So stammen dreitausend Sprüche und eintausendundfünf Lieder von ihm. Wahrscheinlich hat er mehrere Schreiber oder Sekretäre beschäftigt, die seine Gedanken und Aussprüche festhalten mußten. Einen großen Teil dieser Aussagen kann man in den biblischen Büchern „Die Sprüche Salomos" und „Der Prediger Salomo" nachlesen.

Hier sind aus „Die Sprüche Salomos" einige wertvolle Rat= schläge für junge, lernbegierige Menschen:

„Wenn du nach Vernunft rufst und deine Stimme nach Einsicht erhebst; wenn du sie suchst wie Silber und nach ihr forschest wie nach Schätzen: dann wirst du die Furcht des Herrn verstehen und die Erkenntnis Gottes finden. Denn der Herr gibt Weisheit, und aus seinem Munde kommt Erkennt= nis und Einsicht." (2, 3—6.)

Dieses Wort sollte sich jeder einprägen: „Verlaß dich auf den Herrn von ganzem Herzen, und verlaß dich nicht auf deinen Verstand, sondern gedenke an ihn in allen deinen Wegen, so wird er dich recht führen." (3, 5. 6.)

Jung und alt sollten sich sagen lassen: „Komm nicht auf den Pfad der Gottlosen und tritt nicht auf den Weg der Bösen. Laß ihn liegen und geh nicht darauf; weiche von ihm und geh vorüber . . . Der Gerechten Pfad glänzt wie das Licht

am Morgen, das immer heller leuchtet bis zum vollen Tag."
(4, 14—18.)

Als Salomo eines Tages Ameisen beobachtete, kam er zu
der Überlegung: „Geh hin zur Ameise, du Fauler, sieh an ihr
Tun und lerne von ihr! Wenn sie auch keinen Fürsten noch
Hauptmann noch Herrn hat, so bereitet sie doch ihr Brot im
Sommer und sammelt ihre Speise in der Ernte . . . Ja, schlafe
noch ein wenig, schlummre ein wenig, schlage die Hände
ineinander ein wenig, daß du schlafest, so wird dich die
Armut übereilen wie ein Räuber und der Mangel wie ein
gewappneter Mann." (6, 6—11.)

Vor der Wirkung, die Wein und andere alkoholische Ge=
tränke haben, und vor den oft schlimmen Folgen der Trunk=
sucht warnt er: „Der Wein macht Spötter, und starkes Ge=
tränk macht wild; wer davon taumelt, wird niemals weise."
„Wo ist Weh? Wo ist Leid? Wo ist Zank? Wo ist Klagen?
Wo sind Wunden ohne jeden Grund? Wo sind trübe Augen?
Wo man lange beim Wein sitzt und kommt, auszusaufen,
was eingeschenkt ist. Sieh den Wein nicht an, wie er so rot ist
und im Glase so schön steht: Er geht glatt ein, aber danach
beißt er wie eine Schlange und sticht wie eine Otter." (20, 1;
23, 29—32.)

Auch diese Kostbarkeiten entnehmen wir dem Schatz
seiner Weisheit: „Ein Verleumder verrät, was er heimlich
weiß; aber wer getreuen Herzens ist, verbirgt es . . . Wer
reichlich gibt, wird gelabt, und wer reichlich tränkt, der wird
auch getränkt werden . . . Wer nach Gutem strebt, trachtet
nach Gottes Wohlgefallen . . . Falsche Herzen
sind dem Herrn ein Greuel; aber Wohlgefallen
hat er an den Frommen." (11, 13. 25. 27. 20.)

„Eine linde Antwort stillt den Zorn; aber ein hartes Wort erregt Grimm." (15, 1.)

„Wer zugrundegehen soll, der wird zuvor stolz; und Hoch= mut kommt vor dem Fall . . . Ein Geduldiger ist besser als ein Starker, und wer sich selbst beherrscht, besser als einer, der Städte gewinnt." (16, 18. 32.)

„Ein Freund liebt allezeit, und ein Bruder wird für die Not geboren . . . Ein fröhliches Herz tut dem Leibe wohl." (17, 17. 22.)

„Es gibt Allernächste, die bringen ins Verderben, und es gibt Freunde, die hangen fester als ein Bruder." (18, 24.)

„Schon einen Knaben erkennt man an seinem Tun, ob er lauter und redlich werden will." (20, 11.)

„Ein guter Ruf ist köstlicher als großer Reichtum und an= ziehendes Wesen besser als Silber und Gold . . . Gewöhne einen Knaben an seinen Weg, so läßt er nicht davon, wenn er alt wird." (22, 1. 6.)

„Ein Wort, geredet zu rechter Zeit, ist wie goldene Äpfel auf silbernen Schalen." (25, 11.)

„Die Schläge des Freundes meinen es gut; aber die Küsse des Hassers sind trügerisch." (27, 6.)

„Wer seine Sünde leugnet, dem wird's nicht gelingen; wer sie aber bekennt und läßt, der wird Barmherzigkeit er= langen." (28, 13.)

Es ist gut, sich diese Ratschläge zu merken; besser ist es jedoch, sie im Leben anzuwenden; denn nur so kann man es harmonisch und erfolgreich gestalten. Hier spricht ja nicht nur der weise Salomo, sondern seine Weisheit kommt von Gott.

Ein großes ABER

Obgleich Salomo mächtig, weise und reich war, steht über seinem Leben ein großes Aber. Die Begründung dafür finden wir im elften Kapitel des ersten Buches der Könige. Dort heißt es: „Der König Salomo liebte ‚aber' zahlreiche aus= ländische Frauen . . ." Er hatte sogar sehr viele Frauen, Hun= derte! Es waren so viele, daß er unmöglich alle ihre Namen behalten konnte. Verhängnisvoll aber war, daß es keine israelitischen, sondern moabitische, ammonnitische, edomi= tische, sidonische und hethitische Prinzessinnen waren, also von jenen Völkern stammten, mit denen sich Israeliten nach dem Willen Gottes nicht verheiraten sollten.

Einer der Gründe dafür, daß Salomo so viele Ausländerin= nen zu Frauen nahm, war sicherlich die reiche Mitgift, die er jeweils von deren fürstlichen oder königlichen Vätern erhielt. Gewiß, diese Heiraten mehrten wohl seinen Reichtum, aber die heidnischen Frauen beeinflußten ihn auch gegen Gott. Seine Regierungszeit hatte er mit einem Herzen begonnen, das uneingeschränkt dem Herrn vertraute. Deshalb hatte er den Tempel erbaut und zu seiner Einweihung so ergreifend beten können. Die ausländischen Prinzessinnen kamen aber nicht nur in großer Zahl nach Jerusalem, sondern sie brachten auch den Glauben an ihre eigenen heidnischen Götter mit. Einige verehrten die Astarte, die Göttin der Sidonier, andere huldigten Milkom, dem greulichen Gott der Ammoniter. Um seine Frauen freundlich, glücklich und zufrieden zu machen, ließ Salomo ihren heidnischen Göttern Verehrungsstätten bauen. So kam es, daß schließlich alle ausländischen Frauen in und um Jerusalem ihren Göttern räuchern und opfern konnten.

Die glaubenstreuen Bürger von Jerusalem waren entsetzt. Allein schon der Gedanke, daß ihr König in nächster Nähe des heiligen Tempels Jahwes solchen Götzendienst erlaubte und förderte, war ihnen schrecklich. Dem Ammonitergötzen Milkom wurden zum Beispiel lebende Kinder geopfert. Wie konnte Salomo, der sich einst so für einen Säugling eingesetzt hatte, als die zwei Frauen zu ihm kamen, nun zulassen, daß solche Grausamkeiten an unschuldigen Kindern verübt wurden?

Daß der Herr über Salomo zornig wurde, war also durch= aus berechtigt. Zweimal war er ihm erschienen und hatte ihm reichen Segen versprochen unter der Voraussetzung, daß Salomo recht tun und auf Gottes Wegen wandeln würde. Aber alle Weisheit, die ihm Gott verliehen hatte, vermochte ihn nicht davon abzuhalten, sich selbst um sein Glück zu be= trügen. Weil er mißachtete, was der Herr ihm geboten hatte, mußte er den Preis für seinen Ungehorsam zahlen. Gott

sprach zu ihm: „Weil es soweit mit dir gekommen ist, daß du meinen Bund und meine Satzungen, die ich dir zur Pflicht gemacht habe, nicht mehr beachtest, so will ich dir das Königtum entreißen und es einem deiner Knechte geben, doch noch nicht zu deinen Lebzeiten, sondern erst deinem Sohn will ich es entreißen; aber nicht das ganze Reich, viel= mehr will ich ihm einen Stamm lassen."

Salomo hatte verheißungsvoll begonnen und war von Gott sichtbar gesegnet worden, und nun wurde er wie Saul ver= worfen. Er hatte alles gewonnen, was sich ein Mensch nur erträumen kann: Reichtum, Macht und Ruhm; aber er hatte Gott gegenüber die Treue gebrochen und damit alles verloren.

Gibt es auch in deinem Leben solch ein Aber? Etwa so: Dieser Junge hat zwar ein schönes Zuhause und besitzt viel gutes Spielzeug und sogar ein neues Fahrrad, aber er lügt, man kann ihm nicht trauen, und er geht nicht gern zum Gottesdienst.

Oder so: Dieses Mädchen hat liebe Eltern, die ihr schöne Kleider schenken und überhaupt das Beste von allem, was es gibt. Aber sie nörgelt, ist mürrisch und ungeduldig und betet nicht.

Wir müssen uns vor einem derartigen Aber in unserm Leben hüten.

TEIL IV

Ein Volk in zwei Königreichen

Der Preis der Torheit

Welch hohen Preis mußten der sonst so weise Salomo, seine Familie und vor allem das Volk Israel für seine Torheit bezahlen, heidnische Prinzessinnen zu heiraten und in seinem Palast aufzunehmen. Sie brachten ihm ja nicht nur ihre Göt= zen und ihren Aberglauben ins Haus, sondern verursachten außerdem sehr viel Ärger. Als nämlich die Bürger Israels sahen, daß ihr mächtiger und berühmter König nichts gegen den Abfall von Gott und gegen die Verehrung fremder Götter unternahm, kamen manche von ihnen auf den Gedanken, daß es mit den heidnischen Göttern so arg nicht sein könne. Wenn selbst der kluge Salomo sie duldete, was sollte dann an ihnen schlecht sein? So fand der Götzendienst im ganzen Lande Eingang und schlug bald so feste Wurzeln, daß er in Hunderten von Jahren nicht mehr auszurotten war.

Im gleichen Maße, wie das Volk sich von Gott abwandte, zog Gott sich von ihm zurück. Sein Segen blieb aus, und Dunkelheit senkte sich auf die Herzen — gleichsam, als ver= schwände die Sonne hinter einer dichten Wolkenwand. Bisher hatte innerhalb der Grenzen des Königsreiches Israel, das vom Euphrat bis an den Bach Ägyptens reichte, Frieden ge= herrscht. Doch nun brach ein Aufstand nach dem anderen aus, zunächst vereinzelt, dann immer häufiger. Zuerst erhob sich Hadad, der König von Edom. Als zweiter Reson, ein Sohn Eljadas, der sich von Hadad=Eser, dem Aramäerkönig von

Der Prophet Ahia zerriß seinen neuen Mantel in zwölf Teile und übergab zehn davon Jero= beam, dem er auf diese Weise andeutete, daß Gott ihn als Herrscher über die zehn nördlichen Stämme Israels vorgesehen habe.

Zoba, getrennt hatte. Reson hatte mit einer eigenen Truppe Damaskus erobert und sich dort zum König gemacht. Er war Israels Widersacher, solange Salomo lebte. Auch Jerobeam, einer der engsten Vertrauten Salomos, wurde zum Rebellen.

Als eines Tages Jerobeam allein auf den Feldern vor Jeru= salem weilte, begegnete ihm der Prophet Ahia, der einen neuen Mantel anhatte. Zu Jerobeams Überraschung zog er den Mantel aus und zerriß ihn in zwölf Stücke mit den Worten: „Nimm dir zehn Stücke davon; denn so hat der Herr, der Gott Israels, gesprochen: Siehe, ich will das Reich der Hand Salomos entreißen und will dir zehn Stämme geben zur Strafe dafür, daß er mich verlassen und sich vor Astarte, der Gottheit der Phönizier, vor Kemosch, dem Gott der Moabiter, und vor Milkom, dem Gott der Ammoniter, nieder= geworfen hat und nicht auf meinen Wegen gewandelt ist, um das zu tun, was mir wohlgefällt, und meine Satzungen und Rechte zu beobachten, wie sein Vater David es getan hat. Dich aber will ich nehmen, damit du herrschest und König über Israel seiest."

Man bedenke: Salomo besaß so viele Frauen und hatte zweifellos auch viele Kinder; aber Gott ging an ihnen vor= über und übergab zehn der zwölf Stämme Israels einem Beamten des Königs. So stark war sein Mißfallen an der Untreue Salomos.

Als Salomo erfuhr, was dort auf den Feldern geschehen war, trachtete er Jerobeam nach dem Leben, der daraufhin nach Ägypten floh, wo ihm Pharao Schischak bis zum Tode Salomos Asyl gewährte.

Der alternde König erlebte verbittert, wie viele seiner Freunde ihn verließen. Zugleich erkannte er, in welche

Schwierigkeiten und Nöte er durch seine Frauen geraten war. Nun endlich sah er seine verhängnisvollen Fehler ein und bereute sie. Rückblickend auf sein ganzes langes Leben be= kannte er:

„Ich tat große Dinge: ich baute mir Häuser, ich pflanzte mir Weinberge, ich machte mir Gärten und Lustgärten und pflanzte allerlei fruchtbare Bäume hinein; ich machte mir Teiche, daraus zu bewässern den Wald der grünenden Bäume. Ich erwarb mir Knechte und Mägde und hatte auch Gesinde, im Hause geboren; ich hatte eine größere Habe an Rindern und Schafen als alle, die vor mir zu Jerusalem waren. Ich sammelte mir auch Silber und Gold und was Könige und

Länder besitzen; ich beschaffte mir Sänger und Sängerinnen und die Wonne der Menschen, Frauen in Menge, und war größer als alle, die vor mir zu Jerusalem waren. Auch da blieb meine Weisheit bei mir. Und alles, was meine Augen wünschten, das gab ich ihnen und verwehrte meinem Herzen keine Freude, so daß es fröhlich war von aller meiner Mühe; und das war mein Teil von aller meiner Mühe.

Als ich aber ansah alle meine Werke, die meine Hand getan hatte, und die Mühe, die ich gehabt hatte, siehe, da war alles eitel und Haschen nach Wind und kein Gewinn unter der Sonne." (Prediger 2, 4—11.)

Kein Gewinn! Nur Mühe! Und das alles, weil er weite Strecken seines Lebensweges ohne Gott gewandert war.

Am Ende seines Lebens fand er zu Gott zurück und be= reute seine Fehler. Daher konnte er schreiben: „Laßt uns die Hauptsumme aller Lehre hören: Fürchte Gott und halte seine Gebote; denn das gilt für alle Menschen. Denn Gott wird alle Werke vor Gericht bringen, alles, was verborgen ist, sei es gut oder böse." (Prediger 12, 13. 14.)

Leider war es zu spät, alles wieder in Ordnung bringen und die Folgen der Verfehlungen abwenden zu können. Warum nur hatte er diesen guten Rat nicht selbst immer befolgt? Sein Leben und auch die Geschichte Israels wären dann ganz anders verlaufen.

Das Königreich wird geteilt

Nach seinem Tode wurde Salomo in Zion, der Stadt Davids, beerdigt, und sein Sohn Rehabeam regierte an seiner Stelle. Die Krönungsfeierlichkeiten für den neuen König sollten in Sichem stattfinden. Dort war genügend Platz vorhanden für Tausende von Menschen. Ganz Israel störmte herbei, um Rehabeam zum König zu berufen.

Die Kunde von Salomos Tod war auch nach Ägypten zu Jerobeam gedrungen. In Erinnerung dessen, was der Prophet Ahia ihm angekündigt hatte, kehrte er eilends in die Heimat zurück. In Sichem wurde er sofort erkannt, war er doch einer der bekanntesten und fähigsten Beamten Salomos gewesen. Manch einer wunderte sich, daß er schon so kurz nach dem Tode des Königs zurückgekehrt war. Niemand aber wird in ihm den Führer eines baldigen Aufstandes vermutet haben.

Nach der Krönung ging Jerobeam mit einer Abordnung fast aller Stämme Israels zu dem neuen König mit der For= derung, die Lasten, die Salomo dem Volk auferlegt hatte, zu erleichtern. So wünschten sie die Herabsetzung der Steuern und die Aufhebung der Zwangsarbeit. Salomo hatte nämlich dem Volk, um sein umfangreiches Bauprogramm durch= führen zu können, hohe Steuerlasten aufgebürdet und Zehn= tausende Menschen zu Arbeitsleistungen gezwungen.

Rehabeam erwiderte: „Geduldet euch drei Tage, dann kommt wieder zu mir." Sofort besprach er die Angelegenheit mit den alten Ratgebern seines Vaters, die ihm empfahlen, die Wünsche der Volksvertreter zu berücksichtigen. „Wirst du heute diesem Volk einen Dienst tun und ihnen zu Willen sein und sie erhören und ihnen gute Worte geben, so werden sie dir untertan sein dein Leben lang."

Aber dieser Rat gefiel Rehabeam nicht. Deshalb wandte er sich nun an lauter junge Männer, die in seinem persönlichen Dienst standen. Doch ihrer Meinung nach sollte er gleich von Anfang an mit fester Hand regieren und zeigen, wer der Herr im Hause sei.

Aus dummem Hochmut verwarf Rehabeam den Rat der Älteren und gab dem Volk im Sinne der jungen Leute die Antwort: „Mein Vater hat euer Joch schwer gemacht, ich aber will's euch noch schwerer machen. Mein Vater hat euch mit Peitschen gezüchtigt, aber ich will euch mit Skorpionen züchtigen."

Das konnte natürlich nicht gutgehen. Mit Windeseile sprach sich der Bescheid des jungen Königs unter der großen Menge der Versammelten herum. Zorn und Enttäuschung machten sich breit. Sie waren mit der Hoffnung auf steuer= liche Erleichterungen zur Krönung gekommen, nicht aber, um sich noch schwerere Lasten aufbürden zu lassen. Unver= sehens war der Geist der Empörung in ihren Herzen entfacht, und bald brannte das Feuer des Aufruhrs lichterloh. Die Vertreter der zehn nördlichen Stämme schrien: „Was haben wir mit David zu schaffen? Wir haben nichts

gemein mit dem Sohne Isais. Auf, geht wieder nach Hause,
ihr Israeliten! Nun sorge für dein eigenes Haus, David!"

So begann der Zerfall des Reiches Davids und Salomos.
Zehn Stämme entschieden sich für Jerobeam und machten ihn
zu ihrem König. Zu Rehabeam hielten nur die beiden
Stämme Juda und Benjamin.

Rehabeam war über diese Entwicklung bestürzt. Er begriff
zwar, daß er durch sein törichtes Verhalten den größten Teil
des Königsreiches seines Vaters verloren hatte, aber er war
nicht gewillt, das tatenlos hinzunehmen. Kaum nach Jerusa=
lem zurückgekehrt, entschloß er sich, die Rebellen zur Um=
kehr zu zwingen, und rief einhundertachtzigtausend Krieger
zu den Waffen.

Doch da erging das Wort des Herrn an Schemaja, einen
Mann Gottes: „Sage Rehabeam und dem ganzen Volk: Ihr
sollt nicht hinaufziehen und gegen eure Brüder, die von
Israel, kämpfen. Jedermann gehe wieder heim, denn das
alles ist von mir geschehen."

Glücklicherweise folgte der junge Rehabeam der Stimme
des Herrn und entließ seine Krieger. Er bemühte sich, aus

dem Bestehenden das Beste zu machen. Sofort befestigte er viele Städte seines kleinen Reiches für den Fall, daß die Rebellen versuchen sollten, auch sie zu nehmen. Er baute nicht nur die Befestigungsanlagen stark aus, sondern setzte auch Hauptleute mit Kriegern in diese Städte und versah sie mit Vorräten an Lebensmitteln, Öl und Wein sowie an Schildern und Spießen. So machte er sich abwehrbereit, so daß Juda und Benjamin ihm untertan blieben.

Inzwischen stellte sich heraus, wes Geistes Kind Jerobeam in Wirklichkeit war. Kaum war er König über die zehn Stämme Israel geworden, da ließ er zwei goldene Stierbilder gießen und empfahl sie dem Volke zur Anbetung. Seine Er= klärung war einfach: „Ihr seid nun lange genug nach Jerusa= lem hinaufgezogen. Seht, dies hier ist euer Gott, Israeliten, der euch aus Ägypten hergeführt hat!" Das eine Stierbild stellte er in Bethel auf, das andere ließ er nach Dan bringen. Dann richtete er Opferstätten auf den Höhen ein und machte zu Priestern beliebige Leute aus dem Volk, die nicht vom Stamme Levi waren. Die Leviten ließ er sogar wissen, daß er sie nicht benötigte. Daraufhin verließen sie ihre Heime und zogen nach Jerusalem.

Fünf Jahre nach dem Tode Salomos war das stolze Reich gespalten, dem Götzendienst verfallen und ohne jeden Glanz. Als Salomo die heidnischen Prinzessinnen heiratete, dachte er nicht im Traume an eine solche Wende. Er hielt sich für stark und klug genug, den falschen Religionen erfolgreich widerstehen zu können. Aber er hatte sich überschätzt. Seine Frauen hatten gesiegt. Zuerst hatten sie sein Herz gestohlen, und nun hatte er durch sie sein Königreich verloren.

Salomos Tempel wird geplündert

Zunächst ging mit Rehabeam alles gut. Die Priester und Leviten, die Jerobeam aus dem Zehn=Stämme=Land vertrieb, kamen in Scharen nach Jerusalem und mit ihnen viele andere, die dem Gott ihrer Väter treu bleiben wollten.

Erschüttert von dem, was sich alles ereignet hatte, betete das Volk ernst zu Gott und diente ihm, wie schon lange nicht mehr. Es schien, als bahnte sich eine geistliche Erneuerung an. So wurde durch diese Treuen das Königreich Juda gefestigt und Rehabeam, der Sohn Salomos, drei Jahre lang gestärkt. In dieser Zeit wandelten sie in dem Wege Davids und Salomos.

Aber Rehabeam offenbarte die gleiche Schwäche, die schon seinen Vater zu Fall gebracht hatte: auch er heiratete viele ausländische, heidnische Frauen. Doch schauen wir uns sein weiteres Leben an!

Als Rehabeam sein Königtum gefestigt hatte und er sich für mächtig hielt, wandte er dem Gesetz des Herrn den Rücken. Und wie er tat ganz Juda. So kam es, daß in den nächsten zwei Jahren der König und sein Volk sich immer weiter von Gott entfernten.

Da erreichte sie die Kunde, daß Schischak, der König von Ägypten, mit einer gewaltigen Streitmacht von sechzig= tausend Reitern und zwölfhundert Kampfwagen anrückte. Unter der Regierung Salomos hätte kein Volk es gewagt, die

Hebräer anzugreifen. Das kleine Königreich Juda jedoch besaß keinen ausreichenden Schutz gegenüber einer solchen Übermacht. Die Ägypter konnten mühelos alle von Reha= beam vorsorglich befestigten Städte an der Grenze einneh= men. Und nun befanden sie sich auf dem Vormarsch gegen Jerusalem.

Da trat der Prophet Schemaja vor Rehabeam und vor die Fürsten Judas, die sich aus Furcht vor Schischak in Jerusalem versammelt hatten, und sprach zu ihnen: „Vernehmt des Herrn Wort: Ihr habt mich verlassen; darum habe ich euch auch verlassen und in Schischaks Hand gegeben."

Der König und die Fürsten erschraken. Sie hätten nie mit der Möglichkeit gerechnet, daß Gott sie verlassen könnte, obgleich sie ihn längst vergessen hatten. Demütig beugten sie sich vor Gott, bekannten ihre Sünden und sprachen: „Der Herr ist gerecht!"

Als der Herr dies sah, war er bereit, Gnade walten zu lassen, und er ließ Schemaja wissen: „Sie haben sich ge= demütigt; darum will ich sie nicht verderben, sondern ich will sie in Kürze erretten, daß mein Grimm sich nicht durch Schischak auf Jerusalem ergieße. — Doch sie sollen ihm unter= tan sein."

Da ließ Rehabeam die Tore Jerusalems öffnen, und Schi=
schak marschierte ein. Er hatte schon oft von dem Reichtum
Salomos gehört, und nun sah er ihn. Er ging sofort zu dem
herrlichen Tempel, durchsuchte ihn und raubte alle Schätze
des Heiligtums und des königlichen Palastes. Alles nahm er
weg, auch die goldenen Schilde, die Salomo hatte anfertigen
lassen.

Zufriedengestellt von der Beute, zerstörte Schischak weder
den Tempel noch die Stadt, sondern zog nach Ägypten zu=
rück, erfreut über den großen Reichtum, den er so leicht
rauben konnte.

Kaum war Schischak mit seinem Heer abgezogen, da
eilten Rehabeam und die Fürsten aus Juda zum Tempel, um
zu sehen, was die Räuber zurückgelassen hatten. Schwer
wurden ihre Herzen, als sie durch das ausgeplünderte Gottes=
haus gingen und sahen, wie wenig von dem Reichtum Israels,
der den Neid der Welt erregt hatte, übriggeblieben war.
Rehabeam ersetzte die goldenen Schilde Salomos durch
Schilde aus Kupfer.

Verstehen wir die Lehre dessen, was den Kindern Israels
widerfahren war? Sie waren arm geworden, weil sie sich
wieder einmal von Gott abgewandt hatten.

Der geborstene Altar

Obgleich Jerobeam sich arg versündigt hatte, versuchte Gott doch, ihn wieder auf den rechten Weg zu bringen. Und das geschah so:

Jerobeam hatte eigenmächtig irgendeinen Tag zum Festtag der Israeliten bestimmt, an dem sie auf dem Altar des Höhen= tempels zu Bethel dem goldenen Stier Opfer bringen sollten. Als er gerade auf diesen Altar hinaufgestiegen war, um den „heiligen Dienst" zu verrichten, hörte er plötzlich jemand rufen. Ärgerlich schaute er sich um und gewahrte einen Mann aus Juda in der Tracht eines Propheten Gottes, der zum Höhenheiligtum hinauf schrie: „Altar, Altar! So spricht der Herr: Siehe, es wird ein Sohn dem Hause Davids geboren werden mit Namen Josia; der wird auf dir schlachten die Priester der Höhen, die auf dir opfern, und wird Menschen= gebein auf dir verbrennen!"

Zuerst war Jerobeam empört; dann dachte er, der Mann könne nur verrückt sein! Woher sollte der den Namen eines noch Ungeborenen wissen und sagen, was dieser Ungeborene mit dem Altar anstellen werde? Jerobeam konnte ja nicht ahnen, daß er soeben einen Blick in die Zukunft werfen durfte und daß dreihundert Jahre später der gläubige König Josia tatsächlich diesen Altar niederreißen und zu Staub zer= stampfen würde. Soeben hatte Gott gesprochen, aber Jero= beam erkannte seine Stimme nicht, sondern geriet in Zorn.

179

s Jerobeam die Strafandrohung Gottes ver=
hm, geriet er in solche Wut, daß er den Pro=
eten töten lassen wollte. Da erstarrte plötzlich
n ausgestreckter Arm, und der Altar barst
r seinen Augen auseinander.

Dem Propheten schien das gleichgültig zu sein, denn unbeirrt redete er weiter: „Das ist das Zeichen dafür, daß der Herr geredet hat: Siehe, der Altar wird bersten und die Asche verschüttet werden, die darauf ist."

Für Jerobeam war das eine glatte Unverschämtheit. „Greift ihn!" befahl er seinen Leibwächtern und streckte seinen Arm gegen den Propheten aus.

Plötzlich zuckte ein schrecklicher Schmerz durch seinen Arm, der merkwürdig starr und gelähmt war. Im gleichen Augenblick zerbarst unmittelbar vor ihm der Altar mit fürchterlichem Getöse und fiel auseinander, so daß seine Asche verschüttet wurde.

Zu Tode erschrocken bettelte der König den Mann Gottes an: „Besänftige doch den Herrn, deinen Gott, und bitte für mich, daß ich meinen Arm wieder an mich ziehen kann!"

Der Prophet tat es, und in seiner großen Güte heilte Gott den Jerobeam ungeachtet allen Unrechts, das dieser getan hatte: Der König konnte seine Hand wieder genauso bewegen wie vorher.

Gott hatte dem König von Israel eine letzte Chance geboten, seine Untreue zu bereuen und sein Leben zu ändern. Nutzte er diese Möglichkeit? Ließ er die Götzenbilder entfernen, um die zehn Stämme zurück zu Gott zu führen?

Leider nein! Er lockte sie nur noch tiefer in die Sünde hinein. Das Urteil der Bibel lautet: „Auch nach dieser Begebenheit ließ Jerobeam von seinem bösen Wandel nicht ab."

Von einem Löwen getötet

Als sein Arm wieder in Ordnung war, lud Jerobeam den Propheten ein: „Komm mit mir ins Haus und erquicke dich! Ich will dir auch ein Geschenk geben."

Doch der Mann Gottes lehnte ab: „Wenn du mir auch deinen halben Besitz gäbest, so würde ich doch nicht mit dir gehen; denn ich will an diesem Ort kein Brot essen und kein Wasser trinken."

„Warum nicht?" fragte Jerobeam.

„Das ist mir durch des Herrn Wort geboten: Du sollst kein Brot essen und kein Wasser trinken und nicht den Weg zurückgehen, den du gekommen bist."

Nach diesen Worten zog der Prophet auf einer anderen Straße seiner Heimat zu.

Einige junge Männer hatten miterlebt, was Jerobeam widerfahren und was mit dem Altar geschehen war. Sie eilten heim, um ihren Eltern die Neuigkeit zu berichten. „Vater, du hättest das Gesicht des Königs sehen sollen, als sein Arm verdorrte und steif blieb und als dann der Altar zerplatzte!"

„Wohin ist der Prophet denn gegangen?" fragte der Alte, der sich in Bethel gern als Prophet ausgab. Er war begierig, mehr über das Geschehene zu erfahren. Als die Söhne ihm die Richtung gewiesen hatten, befahl er ihnen: „Sattelt mir den Esel!" Sie taten es, und dann ritt er, so schnell ein Esel laufen kann, hinter dem Mann Gottes her.

Tatsächlich fand er ihn unter einer Eiche sitzen. „Komm mit mir heim und iß Brot mit mir!" sprach er ihn an.

„Nein, danke", erwiderte der Prophet und begründete seine Ablehnung genauso wie kurz zuvor Jerobeam gegen= über.

„Ich bin auch ein Prophet wie du", log der Alte. „Ein Engel hat mir auf Geheiß des Herrn geboten: Bringe ihn mit dir in dein Haus zurück, auf daß er Brot esse und Wasser trinke!"

Der Mann Gottes ließ sich täuschen und ging mit ihm. Kaum hatten sie im Hause des Alten ihr Mahl beendet, da vernahm der Lügenprophet plötzlich die Stimme Gottes, die ihm befahl, dem wahren Propheten zu sagen: „So spricht der Herr: Weil du dem Mund des Herrn ungehorsam gewesen bist und nicht gehalten hast das Gebot, das dir der Herr, dein Gott, geboten hat, soll dein Leichnam nicht in deiner Väter Grab kommen." Da begriff der Mann Gottes, welchen töd= lichen Fehler er begangen hatte. Traurig bestieg er den Esel, den ihm der alte Mann gab, und ritt davon.

Er war noch nicht weit gekommen, da stieß ein Löwe auf ihn und tötete ihn. Der Leichnam lag auf dem Wege, und neben ihm standen der Esel und der Löwe. Vorübergehende

Leute sahen dies. Erschrocken und verwundert eilten sie in die Stadt Bethel und berichteten diese merkwürdige Ge= schichte. Auch der Alte hörte davon und ging sofort hinaus, um sich selbst davon zu überzeugen. Es stimmte, und noch immer standen der Löwe und der Esel neben dem Leichnam des Mannes Gottes. Der Löwe hatte den Toten nicht gefressen und auch den Esel nicht zerrissen. Unbehelligt legte der Alte den Leichnam auf sein Reittier und brachte ihn nach Bethel, wo er ihn in seiner eigenen Gruft beisetzte. Dabei klagte er: „Ach, mein Bruder!"

So also erging es dem ungehorsamen Propheten, der eine Lüge wichtiger nahm als ein klares Wort Gottes.

Welch eine Lehre für uns, sorgsam das zu prüfen, was als Wort Gottes ausgegeben wird! Dieser Mann war von Gott vor Jerobeam besonders ausgezeichnet worden. Er hatte den Altar bersten und des Königs Arm erstarren sehen, hatte aber auch die sofortige Erhörung seines Gebetes erlebt. Und nun, vierundzwanzig Stunden später, war er tot, von einem Löwen erschlagen, weil er Gott ungehorsam gewesen war.

Die verkleidete Königin

Kurze Zeit später wurde Jerobeams Sohn Abia so krank, daß niemand ihm helfen konnte. In dieser Not erinnerte sich Jerobeam des Propheten Ahia, der ihm einst prophezeit hatte, König über die zehn Stämme Israels zu werden. Der könnte seinen Sohn gewiß heilen, wenn er es nur wollte. Doch wie stand es damit? Wenn Ahia erführe, um wessen Sohn es sich handelte, würde er wahrscheinlich seine Hilfe versagen. Es mußte also auf jeden Fall verhindert werden, daß dies be= kannt wurde.

Deshalb veranlaßte Jerobeam seine Frau, sich zu verkleiden und so Ahia in Silo aufzusuchen. „Nimm zehn Brote, Kuchen und einen Krug Honig mit und geh zu ihm. Er wird dir sagen, wie es dem Knaben ergehen wird."

Ahia war inzwischen alt und blind geworden, so daß die Verkleidung gar nicht nötig gewesen wäre. Trotzdem blieb die Königin dabei und hoffte, auf diese Weise den Propheten des Herrn täuschen zu können. Doch sie irrte sich: er er= kannte sie sofort. Als er das Geräusch ihrer Tritte hörte, be= grüßte er sie zu ihrer größten Überraschung mit den Worten: „Komm herein, du Frau Jerobeams! Warum stellst du dich so fremd?"

Bestürzt brachte die Königin kein Wort heraus. Das ein= zige, was sie vermochte, war, den Gerichtsworten des greisen Propheten zu lauschen.

„Gehe heim und sage zu Jerobeam", sagte er barsch: „So spricht der Herr, der Gott Israels: Ich habe dich mitten aus dem Volk emporgehoben und dich zum Fürsten über mein Volk Israel bestellt; ich habe das Königtum dem Hause Da= vids entrissen und es dir gegeben; du aber bist nicht wie mein Knecht David gewesen, der meine Gebote beobachtet hat; nein, du bist hingegangen und hast dir andere Götter ge= macht, nämlich gegossene Bilder, um mich zum Zorn zu reizen, mir aber hast du den Rücken gekehrt. Darum will ich nunmehr Unglück über das Haus Jerobeams kommen lassen! Wer von Jerobeams Angehörigen in der Stadt stirbt, den sollen die Hunde fressen, und wer auf dem freien Felde stirbt, den sollen die Vögel des Himmels fressen; denn der Herr hat gesprochen!"

185

Für den Sohn Jerobeams bestand somit keine Hoffnung. Sein Tod war gewiß. Aber weil Gott wenigstens etwas Gutes an ihm gefunden hatte, sollte er als einziges der Kinder Jerobeams in einem richtigen Grab beerdigt werden.

Auch für die zehn Stämme, die sich von Jerobeam zur Sünde hatten verleiten lassen, hatte Ahia eine schlimme Botschaft: „Der Herr wird Israel aus diesem schönen Lande verstoßen, das er ihren Vätern gegeben hat, und wird sie zerstreuen jenseits des Euphratstroms zur Strafe dafür, daß sie Götzenbilder angefertigt und den Herrn dadurch erzürnt haben."

Nachdem Ahia geendet hatte, zog die Königin traurig heim. Unterwegs überlegte sie, wie sie das Gehörte ihrem Manne beibringen sollte. Kaum hatte sie die Schwelle des Palastes überschritten, da starb ihr Kind. Nun wußte sie, daß alles Schreckliche, das Ahia angekündigt hatte, über Jerobeam und seine Familie hereinbrechen werde.

Eigentlich hätte man nach all diesem erwarten können, daß Jerobeam sich von seinen üblen Wegen abkehren würde. Doch weit gefehlt! Dem Pharao zur Zeit Moses gleich, verhärtete er sein Herz und fiel von einer Sünde in die andere, so daß für ihn wie für sein Königreich die Lage geradezu hoffnungslos wurde.

Das Götzenbild der Großmutter

Im Königreich Juda war Rehabeam gestorben. Sein Sohn Abia folgte ihm auf dem Thron. Maacha, seine Mutter, war die Lieblingsfrau Rehabeams gewesen. Obgleich sie als Tochter Absaloms eine Enkelin Davids war, geriet sie unter den Einfluß der heidnischen Religionen, die Salomos Frauen nach Jerusalem gebracht hatten.

Weit schlimmer aber war, daß sie auch ihren Sohn Abia in diesem Sinne erzog. Die Folge war, daß er in allen Sünden seines Vaters wandelte und daß sein Herz nicht ungeteilt dem Herrn, seinem Gott, gehörte.

Er war jedoch nicht völlig vom Herrn abgefallen. Von ihm stammt das glaubensstarke Wort: „Mit uns ist Gott, der an unserer Spitze steht!" Er sprach es aus, ehe er von einer riesigen Armee unter Führung Jerobeams angegriffen wurde. Trotzdem schien alles verloren, als der Angriff erfolgte. Da schrieen Abia und alle Judäer zu Gott um Hilfe, und die Priester stießen in die Trompeten. Als die judäischen Männer nun auch noch ein Kriegsgeschrei anstimmten, geriet das Heer Jerobeams in Verwirrung, so daß Abia siegte. Bald danach starb er. Er hatte nur drei Jahre regiert. Nach ihm wurde sein Sohn Asa König. Der tat, was in den Augen Gottes gut und recht war; denn er entfernte die Altäre der fremden Götter, verbot den Höhendienst, ließ die Steinmale und Sonnensäulen zerschlagen und die Götzenpfähle umhauen.

Wer ihn erzogen hatte, wird nicht berichtet. Seine Groß=
mutter war es bestimmt nicht gewesen. Sie selbst hielt so
lange am Götzendienst fest, bis Asa ihr den einflußreichen
Rang einer Königinmutter und das Amt einer Mitregentin
entzog. Sie hatte nämlich gegen seinen Befehl der Aschera
ein neues Götzenbild anfertigen lassen. Asa ließ das Götzen=
bild umhauen und zerhacken und außerhalb Jerusalems im
Kidrontal verbrennen.

Diese Tat gefiel dem Herrn, der ihn deshalb in mannig=
faltiger Weise segnete. Wie wunderbar Gott dem Königreich
Juda half, wurde deutlich, als es der Kuschiterkönig Serach
mit einer Armee von einer Million Kriegern und dreihundert
Streitwagen angriff. Asas Heer war zahlenmäßig hoffnungs=
los unterlegen, aber er vertraute Gott: „Herr, es ist dir nicht
schwer, dem Schwachen gegen den Starken zu helfen. Hilf

uns, Herr, unser Gott; denn wir verlassen uns auf dich, und in deinem Namen sind wir gekommen gegen diese Menge. Herr, du bist unser Gott, gegen dich vermag kein Mensch etwas."

Daraufhin schlug Gott die Kuschiter, so daß sie die Flucht ergriffen; und Asa jagte ihnen nach bis nach Gerar und rieb sie vollständig auf. Mit sehr großer Beute aus den feindlichen Städten machte er sich wieder auf den Heimweg.

Als die Judäer nach der Schlacht in ihr Land zurückkehrten, zog der Prophet Asarja, der Sohn Odeds, König Asa entgegen. Er grüßte ihn mit den Worten: „Der Herr ist mit euch, solange ihr euch zu ihm haltet, und wenn ihr ihn sucht, läßt er sich von euch finden. Wenn ihr ihn aber verlaßt, wird auch er euch verlassen. Seid stark und laßt eure Hände nicht erschlaffen, denn euer Tun wird belohnt werden!"

Als Asa diese Worte hörte, gewann er neuen Mut und rottete im ganzen Land Juda und Benjamin die greulichen Götzen und den Götzendienst aus. Einundvierzig Jahre regierte er zu Jerusalem. Er war einer der besten Könige, die je über Juda herrschten. Trotz mancher Fehler blieb sein Herz ungeteilt sein Leben lang bei dem Herrn. Es ist wunderbar, wenn Gott so über einen Menschen urteilen kann. So kam es, daß viele fromme Israeliten aus dem Nordreich nach Juda auswanderten.

Schlimm und immer schlimmer

Im nördlichen Königreich Israel, das die zehn abgefallenen Stämme bildeten, wurde es immer schlimmer. Nach dem Tode Jerobeams kam sein Sohn Nadab auf den Thron. Er war genauso gottlos wie sein Vater und tat, was dem Herrn miß= fiel. Er regierte nur kaum zwei Jahre. Dann zettelte ein Mann namens Baësa, der Fürst des Stammes Isaschar, eine Ver= schwörung gegen ihn an, ermordete ihn und gewann so den Thron.

Um ganz sicher zu gehen, daß ihm keiner der vielen Nachkommen Jerobeams die Herrschaft streitig machen könnte, ließ er sie alle erschlagen. Nicht einen einzigen ver= schonte er. So grausig erfüllte sich das Wort, das der Herr durch den Propheten Ahia gesprochen hatte.

Baësa regierte vierundzwanzig Jahre, aber er war kein biß= chen besser als Jerobeam. Auch was er tat, mißfiel dem Herrn, der ihn durch den Propheten Jehu ernsthaft warnte und ihm sagen ließ, daß ihm und seinem Hause das gleiche Schicksal wie Jerobeam widerfahren werde, wenn er sich nicht bessere.

Nach ihm gelangte sein Sohn Ela zu Königswürden, aber er regierte nur zwei Jahre. Er war ein Trinker. Bei einem Ge= lage war er so berauscht, daß Simri, der Befehlshaber über die Hälfte der Kriegswagen, leichtes Spiel mit ihm hatte. Er drang in das Haus ein und erschlug ihn. Dann machte er sich selbst zum König. Er blieb es allerdings nur sieben Tage. In dieser Zeit tötete er alle Angehörigen Baësas. Während er noch am Wüten war, berief das Volk Israel, entsetzt über die Greueltaten Simris, den Feldhauptmann Omri zum König.

Omri zog daraufhin mit seinem Heer zur Hauptstadt Tirza, in der sich Simri verschanzt hatte, und belagerte sie. Als aber Simri sah, daß jeder Widerstand sinnlos war, stieg er in den Burgturm des Königspalastes, den er in Brand steckte, und kam in den Flammen um.

Mit dem Tode Simris waren aber keineswegs die Schwierig= keiten Omris beseitigt, denn die Hälfte des Volkes wollte Tibni zu ihrem König machen. Weitere Kämpfe waren daher die Folge, bis Tibni starb und Omri Alleinherrscher wurde.

Omri regierte zwölf Jahre. Während dieser Zeit kaufte er von einem gewissen Semer einen Berg für zwei Silbertalente (= 16 000 DM) und erbaute auf ihm eine Stadt. Er nannte

sie Samaria und machte sie zu seiner Residenzstadt. Der Er=
werb des Berges erwies sich später als politisch und stra=
tegisch sehr bedeutsam.

Diese Stadtgründung wäre eine einmalige Gelegenheit für
einen Neubeginn gewesen. Die Häuser und Straßen waren
neu, sauber und schön. Alle Fehler und Sünden der alten,
schlechten Zeiten hätten der König und seine Untertanen
hinter sich lassen können. Doch während zwei Talente ge=
nügten, den Berg zu erwerben, besaßen sie nichts, um ihn zu
heiligen. Sie konnten Häuser und Ländereien kaufen und
dem König einen prunkvollen Palast bauen; aber Frieden und
Gerechtigkeit konnten sie nicht sichern. Dazu gehörte mehr,
als sie besaßen.

Als Omri starb, wurde sein Sohn Ahab König an seiner
Statt. Er hielt nicht nur an der Sünde Jerobeams fest, sondern
trieb es noch weit schlimmer. Er nahm sogar Isebel, die
Tochter Ethbaals, des Königs von Sidon, zur Frau und wandte
sich dem Dienste Baals zu und betete ihn an. Ihm errichtete
er auch einen Altar in dem Baals=Tempel, den er in Samaria
erbaut hatte. Desgleichen förderte er die anderen heidnischen
Kulte. Damit tat Ahab mehr, den Gott Israels zu erzürnen als
alle Könige Israels, die vor ihm gewesen waren.

Bereits fünfzig Jahre nach dem Tode Salomos hatte das
Volk des Nordreiches Israel dem Herrn vollends den Rücken
gekehrt. Sein König war ein Götzendiener, seine Königin
eine Heidin und seine Hauptstadt mit dem Baals=Tempel eine
Hochburg des Abfalls von Gott. Noch schlimmer konnte es
kaum werden. Die Zeit für das Auftreten des Propheten Elia
war gekommen.